数字内容消费者行为模型与仿真研究

朱建学 ⊙ 著

中国海洋大学出版社

·青岛·

图书在版编目（CIP）数据

数字内容消费者行为模型与仿真研究 / 朱建学著
. —青岛：中国海洋大学出版社，2024.1
ISBN 978-7-5670-2828-9

Ⅰ.①数… Ⅱ.①朱… Ⅲ.①网络经济－消费者行为
论－研究 Ⅳ.① F713.55

中国版本图书馆 CIP 数据核字 (2021) 第 099871 号

数字内容消费者行为模型与仿真研究

SHUZI NEIRONG XIAOFEIZHE XINGWEI MOXING YU FANGZHEN YANJIU

出版发行	中国海洋大学出版社			
社　　址	青岛市香港东路 23 号	**邮政编码**	266071	
出 版 人	刘文菁			
网　　址	http://pub.ouc.edu.cn			
电子邮箱	flyleap@126.com			
责任编辑	张跃飞	**电　　话**	0532-85901984	
印　　制	山东彩峰印刷股份有限公司			
版　　次	2024 年 1 月第 1 版			
印　　次	2024 年 1 月第 1 次印刷			
成品尺寸	170 mm×240 mm			
印　　张	11			
字　　数	190 千			
印　　数	1~1 000			
定　　价	66.00 元			
订购电话	0532-82032573（传真）			

如发现印装质量问题，请致电0536-8311811进行调换。

前　言

随着大数据、云计算、移动互联网以及物联网等新兴信息技术的快速发展和不断应用，消费者自身的消费理念和态度已经出现明显转变，要求更多的权利和选择。在备受关注的数字内容消费市场上，由于信息化水平的提高和信息易得性的增强，消费者行为呈现出日益复杂多变的特性。消费者逐渐成为数字内容消费市场价值链真正掌控者的同时，还决定着数字内容消费的未来发展方向。为了能够有针对性地设计和制定切实可行的市场策略，必须从根本上了解数字内容消费者的消费需求，并对影响数字内容消费者行为的各种因素进行研究，这正是本书所关注的问题。

具体来说，本书以消费者主权理论、消费者行为理论、期望效用理论为基础，从分析数字内容消费者效用以及数字内容消费数量变化的角度出发，运用理论研究方法、建模研究方法和仿真研究方法研究了新兴信息技术背景下的数字内容消费者行为。主要研究内容可分为以下三个部分。

（1）面向数字版权管理的消费者行为研究。针对数字内容消费市场上存在的消费者侵权现象，通过分析数字版权管理的特点和存在的争议，构造了数字内容消费者行为效用函数和数字内容消费市场福利函数。重点研究了数字内容销售价格、数字版权管理保护和无数字版权保护的数字内容使用价值上存在的差别，以及消费者侵权行为面临法律制裁的概率和力度对消费者行为的影响。

（2）面向数字平台收费模式的消费者行为研究。在双边市场理论框架范围内，梳理了平台定价的相关研究，分析了平台的定价策略及其重要作用。通过实际调查归纳出平台常见的收费模式，从价格水平和价格结构两个方面研究了平台收费模式的影响因素，指出了数字内容平台化进程作用和影响下的数字内容价格水平变化趋势，构造了数字内容平台收费模式下的消费者行为模型。通过对数字内容平台不同收费模式下的消费者行为进行仿真分析，分别研究了数字内容平台会员制收费模式、按交易量收费模式和混合收费模式对消费者行为可能产生的影响。

（3）面向数字内容传输渠道的消费者行为研究。对传输渠道之间存在的竞争进行了研究，分析了数字化网络传输渠道与传统传输渠道在渠道价格、传输路径、渠道成本、数字内容形态等方面存在的差别，提出了一个符合数字内容消费者效用变化特点的数字内容质量评价函数，构建了面向传输渠道的数字内容消费者行为分析框架。通过仿真研究数字内容供应商采用不同传输渠道策略对消费者效用和数字内容传输交易数量产生的影响，总结形成了数字内容不同传输渠道下的消费者行为选择。

本书的创新点体现在以下三个方面。

（1）研究视角的创新。研究了消费者主权理论的应用，体现了数字内容消费者日益增强的市场主导权和影响力。

（2）研究内容的创新。构建了新兴信息技术背景下的数字内容消费者行为模型，对数字版权管理、数字内容平台收费模式以及数字内容传输渠道与数字内容消费者行为之间的关系进行了探索和研究。

（3）研究方法的创新。运用计算机仿真解决了传统研究方法中概念测量直接使用传统量表的现象，弥补了研究变量测量和问卷设计的科学性尚未得到验证的缺陷。

本书采用"循序渐进，逐步深入"的写作方式，面向具备一定计算机知识的专业人员，通过构建模型和仿真，旨在帮助读者掌握数字内容消费者的行为方式。

由于作者水平有限，书中不足之处在所难免，希望读者批评指正。

目　录

1 绪 论

1.1 研究背景与研究意义

1.1.1 研究背景

研究背景 1：数字内容盗版侵权等不规范行为的存在。

数字内容具有易拷贝、易修改和易传播的特性，这些特性一方面有利于数字内容产业形成规模效应，推动数字内容消费市场不断演化和快速发展，另一方面却造成数字内容轻而易举地被拷贝和再分发。目前，基于 P2SP（peer to server & peer）技术、移动聚合阅读 APP、搜索链接、网络云盘的数字内容新型网络侵权盗版技术和手段不断出现，受知识产权保护的数字内容借助信息网络随意批量复制和传播的现象普遍存在。但网络上存在着大量未经授权的数字电影、数字音乐、数字游戏等内容，严重损害了数字内容提供商、分销商、平台运营商等行业利益相关者的权益。根据腾讯公司公布的统计数据，2014 年网络文学盗版给 PC 端阅读收入、移动端付费阅读收入以及衍生产品产值带来的损失分别为 43.2 亿元、34.5 亿元和 21.8 亿元，侵权给整个行业带来的损失接近 100 亿元。美国国际知识产权联盟（International Intellectual Property Alliance，IIPA）估计，美国电影业每年因盗版导致的损失高达 13 亿美元，盗版给唱片业和音乐行业造成的损失约为 17 亿美元。美国电影协会（Motion Picture Association of America，MPAA）发表相关声明称，消费者侵权给电影行业带来的损失率高达 40%。

数字内容消费者的不规范行为是数字内容消费市场存在着严重盗版侵权现象的重要原因之一。武汉大学质量发展战略研究院的一项调查显示，高达 87.56% 的受访者表示购买过盗版产品。其中，8.32% 的受访者经常购买盗版产品，而从来没有买过盗版产品的受访者比例仅为 12.43%。艾瑞咨询发布的《2015 年中国网络文学版权保护白皮书》显示，消费者对网络文学版权的认知度偏低，27.1% 的消费者缺乏区分正版与盗版网络文学的能力，44.7% 的消费者表示并不关心所消费产品的合法性。另外，国际反盗版服务提供商爱迪德（Irdeto）的统计分析显示，全球范围内的盗版行为处于增长态势，特别是在亚洲地区，中国的盗版现象非常严重。美国电视剧《纸牌屋》第三季推出首日，在中国的盗版下载量增长 114%；两天之后，在中国的盗版下载量快速攀升至世界第二位。在调查中，有 28% 的中国消费者表示正版数字内容价格昂贵是侵权行为发生的主要原因。知识产权是数字内容的核心资产，然而，数字内容容易被模仿，知识产权原创性容易丧失，与一般形式的知识产权保护相比，其保护难度更大，版权交易的管理和规范也更加复杂，尤其是在对等网络（peer-to-peer networks）、多媒体社交网络（multimedia social networks）、移动互联网（mobile networks）和泛在计算（ubiquitous computing）环境下，数字内容版权管理的难度更为复杂。有效地规范数字内容消费者行为，从而缓解并逐步避免数字内容消费者侵权行为对数字内容消费市场甚至是对整体经济、社会和文化正常发展造成的巨大冲击和威胁成为亟须妥善解决的重要问题。

研究背景 2：传统价格理论和机制正面临挑战。

作为一切经济活动的纽带和基础，价格不仅决定着数字内容的竞争力和盈利水平，还决定着消费者对数字内容的需求水平。只有合理的定价才能准确体现数字内容所蕴含的价值，才能充分利用市场机制的调节作用来推动数字内容消费的增长，实现社会经济效益的最大化。虽然有关定价理论的研究已经取得了非常丰富的成果，但是在社会经济快速发展的背景下，特别是信息与通信技术的飞跃式发展，电子商务、UGC（user-generated content）、3D 打印等新兴经济模式对传统经济模式形成了强烈的冲击，建立在"资源稀缺""欲望无限"和"理性经济人"这三大前提假设上的传统经济学基石开始动摇，传统的定价理论正面临着越来越多的挑战，数字内容不适合采取以生产者为导向的定价策略，应该采取以消费者为导向的定价策略。

虽然传统价格理论能够为数字内容定价奠定一定的基础，但是数字内容在成本结构、竞争性、损耗性等方面存在的本质差异，改变了市场的定价基础与供求结构，导致传统定价理论不再完全适用于数字内容。首先，数字内容的成本结构非常特殊，其固定成本特别高，而再生产、传输和存储边际成本极低（几乎接近于零）。数字内容可以无限扩大产量并满足整个市场需求，倾向于形成自然垄断，以边际成本为基础的定价变得毫无意义。同时，数字内容极低的边际成本为价格歧视提供了可能。研究表明，捆绑销售、版本化定价、个性化定价等差异化定价能够为厂商带来非常可观的利润。特别是当数字内容正向网络外部性强于负向网络外部性时，厂商提供的版本越多则越有利可图。其次，与传统产品大多数情况下属于私人物品不同，由于数字内容具有非竞争性、可复制性和无损耗性，带有明显的公共物品属性，而且不存在传统公共物品供给不足的问题，其质量不会因为使用时间和使用次数的增加而降低，消费者在数字内容的生命周期内只购买一次。数字内容的公共物品属性和几乎没有任何价值损耗的转售会严重改变数字内容的供求结构，促使其价格降为边际成本，甚至可能导致市场崩溃。最后，由于数字内容产权交易的独特性、可储存性以及能够通过互联网传输，在按需计算（on-demand computing）和软件即服务（software as a service，SaaS）等服务经济理念发展的背景下，即付即用（pay-as-you-go）与永久许可模式（perpetual license model）等开始应用于数字内容定价，因此，如何确定数字内容的最优服务定价策略成为学术界面临的重要问题。

研究背景 3：数字内容传输渠道优化的重要性凸显。

在数字内容同质化日趋严重、创新性越来越匮乏的情况下，传输渠道的重要性愈发突出和明显。在传统市场上，各方人员对有关产品信息的掌握情况存在着一定的差异。通常情况下，掌握信息较充分的一方可以通过向信息相对缺乏的一方传递可靠信息而获利，因而在市场竞争中处于有利地位。互联网技术快速发展，使互联网成为销售数字内容的重要渠道和媒介，数字内容通过网络以服务的方式提供给消费者，摆脱了时空的限制，消费者可以方便地获取各渠道传输产品和服务的详细信息，信息同质化趋势越来越明显，基于信息技术的新型传输渠道给信息不对称理论、市场营销理论带来了严重挑战和冲击，如何选择传输渠道并实现两者之间的平衡引起了国内外学者的普遍关注。

信息通信技术下形成的高速宽带网络能够为数字内容提供强大的传输渠道，这是以互联网为代表的一系列信息新技术和新应用所带来的另外一个深刻变革。基于互联网的数字化网络传输渠道，可以节省 10%~15% 的成本，在降低数字内容传输分发成本的同时，也使消费者更加便利地获得相应的数字内容产品和服务。国际知名咨询公司麦肯锡（McKinsey）认为，新型分销渠道的诞生会给供应商和消费者带来意想不到的价值，传统传输渠道与数字化网络传输渠道有机融合的双重渠道战略成为数字内容产业渠道建设的重要发展方向。BI Intelligence 预测，互联网分发传输渠道占美国消费者互联网流量的整体比例将会超过 60%。在视频方面，越来越多的视频流量开始通过全新的内容分发网络（content delivery network，CDN）渠道进行传输。在书籍方面，亚马逊（Amazon）网站上电子书销量已于 2011 年 5 月超过纸质书销量，每卖出 100 本纸质书的同时可以卖出 105 本非免费的电子书。在音乐方面，iTunes 音乐商店歌曲下载量在 2014 年 5 月突破 350 亿首，占全球音乐下载量的比例为 63%。根据国际唱片业协会

（International Federation of the Phonographic industry，IFPI）发布的《2015 数字音乐报告：绘制可持续增长之路》显示，2014 年全球数字渠道收入与实体收入持平，均占行业总收入的 46%，而实体收入在行业总收入中的占比首次低于 50%。虽然数字渠道收入与 2013 年相比有所下滑，但是仍占据着全球数字音乐收入总额的 50% 以上。

研究背景 4：数字内容消费群体的增加和消费行为的复杂化。

互联网重新定义了数字内容消费者之间的人际关系，有共同需求的数字内容消费者可以迅速聚集在一起并进行知识分享，数字内容消费者群体的意见和需求正变得空前强大。根据中国互联网络信息中心（China Internet Network Information Center，CNNIC）2016 年 1 月发布的《中国互联网络发展状况统计报告》，截至 2015 年 12 月，中国网络视频、网络音乐、网络游戏和网络文学的用户规模分别达到 5.04 亿、5.01 亿、3.91 亿和 2.97 亿，占整体网民的比例分别为 73.2%、72.8%、56.9% 和 43.1%；大规模在线开放课程（massive open online course，MOOC）带动了在线教育的发展，在线教育用户规模已经超过 1 亿，占整体网民的比例为 16.0%。

在云计算、平台、大数据、移动互联网以及物联网等新兴信息技术推动下，数字内容各领域不断融合并逐渐演变成为全新的数字生态系统。数字内容生态系统不但是软件与硬件的整合，也是内容与渠道的整合，更是创作者与消费者的整合。在数字内容生态系统中，由于数字内容消费者的个性化搜索决定着数字内容的可见度，其集体行为更是举足轻重，因此维系消费者关系、掌控消费者资源、争夺消费者已经成为发展的关键。在具体实践中，亚马逊最先启用了消费者评论与评级系统，并通过对消费者行为与偏好的分析和个性定制为消费者提供最大便利，后来该系统被应用到 Amazon Instant Video、Appstore for Android 等自家的数字内容。谷歌应用市场（Google Play）和苹果应用商店（APP Store）则是基于数字内容消费者的下载总量、总体反馈和打分对数字内容进行排名。这些都是消费者至上理念和消费者主权（consumer sovereignty）的集中体现。互联网对数字内容消费者意见的放大效应和信息流动方式的重新组织，使得消费者开始占据数字内容消费市场的主导地位。数字内容供应商、渠道运营商、终端设备生产商等各参与方以数字内容消费者为中心进行数字内容生产消费、传输、版权保护、平台建设。综上所述，数字内容消费者行为对于促进数字内容消费具有相当程度的重要性。全面掌握并充分利用消费者的个人信息、行为偏好、对平台的路径依赖以及消费者之间的口碑等消费者资源，建立一套满足消费者利益最大化、充分发挥消费者行为影响的机制成为促进数字内容消费需要解决的重要问题，在研究过程中，应得到足够的关注。

1.1.2　研究意义

消费者行为研究是市场营销活动的基础，对目标市场中消费者行为的正确理解和把握有助于提高营销决策水平、增强营销策略的有效性以及促进竞争优势的形成。消费者行为影响因素与各项运营决策的结合一直是业界和学界关注的焦点。在新兴信息技术发展和应用背景下，消费者逐渐成为数字内容消费的核心，其行为也更加复杂。因此，本研究对数字内容消费者行为研究具有重要的理论意义和应用价值。

在理论方面，消费者行为是客观存在的社会现象，是商品经济条件下影响市场运行的基本因素。理解和解释消费者行为是经济学、社会学管理学等众多学科共同面临的挑战。对消费者行为的准确把握，是扩大内需等对策研究的微观基础。研究消费者行为，不仅是宏观经济发展的需要，更是微观经济适应市场的需要。数字内容具有与传统产品不同的独特性质，其版权价值与其自身密不可分，数字内容价值的最大化本身就是其版权价值的最大化。

在数字内容消费过程中，消费者个人偏好和需求具有很大的差异性，使得不同消费者对同一数字内容所创造价值和满足程度的评价有很大的差异性。同一数字内容，一旦被消费后，其重复消费的价值就变得非常低。本研究从消费者主权理论的视角出发，通过建立数字内容消费者行为模型，分析数字内容消费者行为的影响因素，有助于正确认识和准确把握数字内容消费者的行为规律和特点，对于揭示消费者行为与数字内容产业发展之间的相互关系具有重要的理论价值；能够为数字内容定位、市场细分，新型数字内容的开发、定价、传输渠道的选择，以及其他相关策略的制定，奠定一定的理论基础；能够更好地评价和预测互联网技术给数字内容消费者行为带来的影响；从而为数字内容消费者行为规范和有关数字内容消费政策的制定提供科学依据。

在应用方面，我国数字内容消费者需求增长强劲，消费者群体规模持续扩大，数字内容消费领域不断拓宽，消费者对数字内容整体需求的引燃效应正在日益强化。知识产权是数字内容产业的生命线，知识产权保护水平的高低决定着数字内容创新能力的持续性，然而，目前基于信息与通信技术的数字内容平台以及新型传输分发渠道的诞生使得数字内容侵权成本越来越低，手段和途径越来越多样化，数字内容传播速度快、范围广、侵权行为证据保存困难等问题对数字内容版权的有效控制形成了严峻的挑战。本研究对如何体现数字内容消费者日益增加的市场地位和主导权、最大程度地满足数字内容消费者需求的相关探索和研究，有助于增强新兴网络信息技术快速发展背景下的数字内容消费者体验，加快数字内容产业从以生产者为中心到以消费者为中心的过渡，对于规范数字内容消费者行为、促进数字内容产业健康有序发展、充分发挥数字内容消费强力的内需拉动作用具有重要的现实意义。

1.2 研究思路与研究方法

1.2.1 研究思路

本书按照"提出问题—文献综述—模型构建—仿真分析—研究结论"的研究路线开展研究，总体研究思路如图 1-1 所示。

首先，在问题提出阶段，从新兴信息技术背景下数字内容消费者行为影响力和主导权日益增强的客观实际出发，结合数字内容区别于传统产品的特征，指出数字版权管理、数字内容平台定价和传输渠道之间竞争引发的数字内容消费者行为新问题。

其次，在文献综述阶段，从数字内容、消费者行为以及数字内容消费者行为三个方面对国内外相关研究进行综述，厘清数字内容及其消费者行为的概念和特征，对消费者行为理论研究进行综述，指出已有研究成果与当前数字内容消费者行为存在的差距，为接下来数字内容消费者行为模型的构建奠定基础。

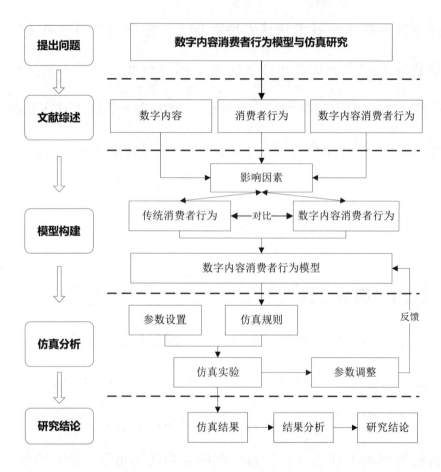

图1-1　总体研究思路

再次，在模型构建阶段，总结数字内容行为影响因素，基于消费者行为理论、期望效用理论和消费者主权理论，结合机制设计理论中的个人理性约束和激励相容约束，分别建立面向数字版权管理、数字内容平台收费模式和传输分发渠道的数字内容消费者行为模型。

最后，在仿真分析阶段，通过参数设置进行仿真环境初始化并按照科学的仿真规则进行仿真分析。在此过程中，根据仿真结果对模型进行不断修正。在此基础上，对仿真实验结果进行研究和分析，探索模型中各个影响因素与数字内容消费者行为之间的关系，总结数字内容消费者的行为规律和特征。

1.2.2 研究方法

消费者行为具有多样性和多变性的特点。特别是在互联网环境下，消费者的消费心理和消费行为更加复杂和微妙，对于数字内容消费者行为的分析和研究，定性的方法难以准确科学地把握消费者的行为特征，而完全的定量模型通常又较难建立和求解，因此本书采用定量分析和定性分析相结合的方法开展研究。本书所采用的研究方法如下。

（1）理论研究方法。全面系统地收集、筛选和梳理国内外有关数字内容特征分类、数字版权管理、平台定价、渠道竞争、消费者行为理论及其模型的研究文献资料和数据，归纳和总结数字内容消费者行为的研究成果，运用多维度多层次分析方法厘清数字内容消费者行为特征及其影响因素，通过理论分析和研究明确数字版权管理存在的争议、数字内容平台定价的重要作用以及不同形式传输渠道之间存在的差异，从而为本研究数字内容消费者行为模型的构建奠定理论基础。

（2）建模研究方法。以消费者主权理论、消费者行为理论和期望效用为基础，结合计划行为理论中的激励相容约束和个人理性约束，通过对数字版权管理、数字平台收费模式和不同传输渠道下的消费者行为选择和效用进行数学推导分析，构造出数字内容消费者行为的定量分析框架。在建模过程中，综合运用管理学、经济学、消费者行为学等相关学科的理论和研究方法对数字内容消费者行为进行全面的、跨理论的分析和研究，并在此基础上提出新的综合性的解释，这也符合消费者行为研究方法的发展趋势。

（3）仿真研究方法。计算机仿真能够通过微观模拟和宏观涌现去探索和发现消费者行为存在的非线性关系，在消费者个体异质性和交互性研究中具有独特的优势，因此本书选择其作为重要研究方法之一。具体而言，本研究将 MATIAB 作为仿真软件平台，对模型变量进行设置，完成仿真环境的初始化，并按照科学规范的仿真步骤开展仿真分析。在仿真过程中，根据反馈结果对模型进行不断的修改和完善。通过对仿真实验结果的分析，研究模型中各影响因素对数字内容消费者行为所产生的影响，对数字内容消费者的行为规律和特征进行总结。

1.3 研究内容与创新之处

1.3.1 研究内容

本书主要是对新兴信息技术背景下的数字内容消费者行为进行建模和仿真分析，总体上可以分为三个部分六章内容。其中，第一部分为基础理论，包括第 1 章《绪论》、第 2 章《理论基础与文献综述》，目的是为论文研究工作的开展奠定必要的基础；第二部分是本书的核心内容，即数字内容消费者行为模型与仿真分析，包括第 3 ～ 5 章的内容，主要是从消费者主权理论的角度出发，根据机制设计理论中的个人理性约束和激励相容约束，结合期望效用理论构建面向数字版权管理、数字内容平台收费模式和数字内容传输渠道的消费者行为模型并进行仿真分析；第 6 章《结论与展望》是本书的第三部分，回顾本书的研究工作，提出研究结论并对未来研究进行展望。

本书的研究内容如图 1-2 所示。

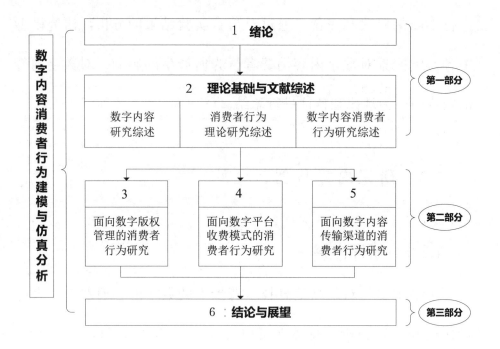

图 1-2　本书的研究内容

第1章《绪论》，目的是为整个研究的展开奠定基础。主要内容包括阐述本书的研究背景与研究意义，介绍本书的研究思路与研究方法，对本书的结构安排和创新之处进行说明。

第2章《理论基础与文献综述》，目的是为本书研究工作的开展寻求相应的理论依据。明确数字内容特征和分类，对数字内容的捆绑、定制、价格等差异化策略的相关研究进行综述；对消费者行为的相关概念和定义研究进行探索，阐述消费者行为理论、消费者主权理论，在对常见的消费者行为模型进行总结的基础上全面地分析比较模型相互之间的区别，总结消费者行为研究的方法和路线；对与数字内容消费者行为有关的国内外研究进行综述，为本书理论模型的构建提供理论基础。

第3章《面向数字版权管理的消费者行为研究》，首先对数字版权管理存在的争议进行说明，提出研究的前提条件与基本假设，并构建面向数字版权管理的消费者行为模型，分析影响消费者效用的因素；通过对数字内容消费者行为和市场福利情况进行仿真分析，研究有无版权管理数字内容使用价值存在的差别、侵权行为受惩罚概率和力度对数字内容消费者行为的影响。

第4章《面向数字平台收费模式的消费者行为研究》，从理论角度分析价格水平和价格结构对平台价格策略的重要作用及其影响因素，指出数字平台所提供数字内容的价格特点，通过实地调研归纳平台常见的收费模式；在双边市场理论框架范围内梳理平台定价的相关研究，总结归纳平台定价策略，构建面向数字平台收费模式的消费者行为模型；通过对数字内容平台不同收费模式下的消费者行为进行仿真，研究数字内容平台所提供收费模式对消费者效用和数字内容交易数量的影响。

第5章《面向数字内容传输渠道的消费者行为研究》，从理论角度指出数字化网络传输渠道与传统传输渠道之间存在的竞争，总结归纳企业渠道选择的影响因素及其最优渠道策略，重点总结归纳影响消费者渠道选择行为的因素；对数字内容传输渠道进行分析，研究不同传输渠道之间存在的差别，构造面向传输渠道的数字内容消费者行为模型；通过对数字内容不同传输渠道情形下的消费者行为进行仿真分析，研究数字内容供应商的不同传输渠道对消费者效用和数字内容传输交易数量所产生的影响。

第6章《结论与展望》，对全书进行总结和展望，回顾本书的主要研究工作并指出未来的研究方向。

1.3.2　创新之处

消费者行为理论研究经历了古典经济学理性人模式下的行为研究以及最新的行为经济学研究，目前取得的研究成果已经非常丰富，其理论体系和应用实践也比较成熟和完善。然而，在新兴网络信息技术快速发展的背景下，数字内容消费者行为呈现出不同以往的新特点并成为管理科学研究领域的新问题。在这种情况下，本书选择了一个新的研究角度进行一些新的研究并试图有所突破和创新。

本书的主要创新之处可以概括为以下三点。

创新点一：在研究视角方面，有关数字内容消费者行为的研究相对缺乏和滞后，特别是对新兴信息技术引发的数字内容消费者行为新问题的研究更加需要完善；本书则是对信息通信技术不断发展和应用背景下数字内容消费者行为进行研究和分析。

创新点二：在研究内容方面，本书将消费者主权理论应用于数字内容消费者行为研究，结合机制设计理论中的激励相容约束和个人理性约束，根据数字版权管理、数字内容平台收费模式以及新型传输渠道的特点，通过建立相应的数字内容消费者行为模型，对新兴信息技术背景下的数字内容消费者行为进行研究和探索。

创新点三：在研究方法方面，本书一方面采用系统分析和比较分析相结合的方法对数字内容消费者行为进行定性分析，另一方面采用计算机仿真研究方法对数字内容消费者行为进行定量分析。

1.4 本章小结

与数字内容迅速发展形成鲜明对比的是新兴信息技术背景下数字内容消费者行为领域研究的相对缺乏和滞后。在数字内容消费生态化进程中，消费者正逐渐成为数字内容价值链的真正掌控者，拥有不同以往的市场影响力和主导权，而不再处于被动状态，其行为也更加复杂。对数字内容消费者行为进行研究不仅是数字内容消费市场健康发展的需要，而且也是对新兴网络信息技术背景下消费者行为研究的需要。本章重点论述了数字内容消费者行为模型与仿真分析的研究背景与研究意义，介绍了本书的研究思路和研究方法，对全书的研究内容和各章节安排进行了说明，总结提炼了本书在研究视角、研究内容以及研究方法方面的创新之处。

2   理论基础与文献综述

数字内容消费者行为建模与仿真分析的理论基础与文献研究包含三个方面的内容：一是对数字内容方面的研究；二是对消费者行为方面的研究；三是对数字内容消费者行为方面的研究。本章将从以上三个方面分别进行评述，以期为本研究中数字内容消费者行为模型的建立提供和奠定良好的理论基础，同时也希望能够在前人研究的基础上有所创新和突破。

2.1   数字内容研究综述

2.1.1   数字内容的分类与特征

数字内容（digital content）是指数字媒体技术与文化创意结合的产物，即运用信息技术将图像、文字、影音等加以数字化并整合应用的，可以存储在如光盘、硬盘等数字载体上，并通过网络媒体进行传输或者实现的各种产品以及服务的总体。

国内外研究学者从不同的角度对数字内容做了界定并给出了

数字内容的具体构成。数字内容使用价值的大小决定着内容的多寡，经过数字化并能够通过类似于互联网的数字网络传输的各种产品都可以称为数字内容。通常情况下这些产品先以数字化的形式生成，然后才能在物理介质上印刷出来。李向民等（2009）认为数字内容是以创意为核心的，以互联网、移动互联网、智能手机等信息技术为载体的精神商品。Shapiro（1998）、冯海洋（2014）等学者则强调数字内容的技术经济特性，认为数字内容可以划分为软件、在线服务、在线内容、在线音乐、在线视频、在线书籍以及其他可以数字化的商品。刘卓军等认为，数字内容是内容产业与信息技术结合的产物，是指一切采用多媒体技术将图像、文字、音频、视频信号数字化之后的产品或者服务。

基于不同的角度和依据，数字内容有着不同的分类。例如，根据存储格式方面存在的差别，数字内容可以划分为电子文本、图形图像、网页页面、业务文档、数据库表单、视频、音频文件等；根据数字内容产品和服务属性的不同，数字内容可以划分为动画、游戏、影视、数字出版、数字创作、数字馆藏、数字广告、互联网、信息服务、咨询、移动内容、数字化教育、内容软件等。国内外学者所提出的数字内容分类依据及其相应的分类情况如表2-1所示。

表 2-1 数字内容的分类依据与具体分类

研究学者	分类依据	具体分类
胡再华	生产者使用方式	独立的内容产品元素、内容作品的逻辑关系和内容产品的集成
	消费者使用方式	资讯、教育、娱乐和艺术
罗戎 周庆山		特殊终端、在线模式和离线模式
Kalakota Whinston	数字化产品的特点、消费者使用方式和价值	信息和娱乐产品、符号记号和概念、处理程序和服务
刘卓军	存在形态	产品型数字内容和服务型数字内容
周庆山 赵雪 赵需要	产业类别	电影、电视、广播、音乐、动画、游戏、工艺、时尚设计、广告、建筑、视觉艺术、互动休闲软件、表演艺术、出版、软件、信息服务等
黄德俊		数字出版业、数字影音业、数字广播电视业、网络游戏业、数字学习业、网络广告业、数据处理业等子产业
高诚	内容特征	数字出版、数字视听、数字学习和数字娱乐
罗戎 周庆山	内容领域	数字游戏、互动娱乐、影视动漫、立体影像、数字学习、数字出版、数字典藏、数字表演、网络服务、内容软件
	互动程度	单向模式、低互动模式、高互动模式
	付费模式	免费模式和收费模式
薛梅	价值角度	普通信息、普通服务商品、数字作品以及保密信息
王萌	生成方式	传统的精神产品通过数字化技术转化，如在线音乐、杂志、报纸等；直接产生于互联网平台，如网络游戏、在线聊天等

作为一种全新的生态系统，数字内容在生产、存储、传播等价值链环节与传统实物形式的产品截然不同。数字内容能够通过互联网以虚拟形态进行传播，不同类型的数字内容可以相互融合形成新产品、新服务和新市场，这些特性都是传统商品所不具备

的。数字内容的各类应用之所以能够呈现如此蓬勃的发展势头，与数字内容的复制的简易性和精确性、传播的高效性、篡改的方便性、编辑工具的多样性和普及性等独有特性密切相关，数字内容具有的物理特征和经济特征如表2-2所示。

表2-2　数字内容的物理特征和经济特征

学者	特征	
	物理特征	经济特征
王刊良	无磨损性、易变性和可复制性	对个人偏好的依赖性、特殊的成本结构、网络外部性
袁红清	不可破坏性、可变性、可复制性	对个人偏好的依赖性、短期效用与长期效用并存、网络外部性
陈雪	不可破坏性、可改变性、较快传播速度	个人偏好依赖性、互补性、特殊的成本结构、高附加值和时效性
王萌等	高度的可分割性、互动性	衍生性、产品消费的体验性和参与性、动态过程、消费者忠诚度的不确定性
牛盼强等	高科技含量、低能耗、可再生	衍生性、高附加值

付瑞雪从生产特性、消费特性和流通特性三个方面对数字内容的特点进行了分析：在生产特性方面，数字内容容易复制、储存和传输，边际成本几乎为零，使其能够体现巨大的规模经济；在消费特性方面，数字内容是一种经验产品，具有共享性、非消耗性、网络外部性、时效性和公共产品的性质；在流通特性方面，数字内容拥有较快的传播速度，是一种具有价值转移和产权转移不对称的流通产品，在分销过程中很容易发现侵权性复制和扩散。戴和忠认为，数字内容具有的独特之处体现为无损耗性和时效性、

经验品特性、互动性和参与性、价值感知的不确定性、较低的消费忠诚度和网络消费特性。除上述特性之外，数字内容还具有更新周期快、不可触摸性、超规模效应等特点。

综上可知，数字内容具有的这些特征，对数字内容定价、数字内容消费市场的需求结构、消费者行为理论等形成了冲击和挑战，给消费者行为研究带来了新的问题。针对物质产品的策略已经不再适用于数字内容。特别是数字内容供应商，迫切需要改变原有的市场策略，以适应并充分利用数字内容的特殊性质。

2.1.2   数字内容的差异化策略

数字内容版本差异化策略主要体现在捆绑、定价、版本以及质量控制等方面。一般情况下捆绑策略的优点包括三个方面：一是能够降低商品的生产和交易成本，并为探索和发现不同商品之间存在的关联关系提供了途径；二是捆绑策略使得不同的商品在功能和用途上互为补充形成统一的整体；三是捆绑策略能够将具有不同保留价格的消费者划分成不同的群体并抽取消费者剩余，这也是非捆绑策略所无法实现的。如果市场上的商品较少并且消费者效用偏好独立并且满足递增时，那么处于垄断市场地位的生产商，无论采取纯捆绑还是混合捆绑策略，都能够获得比非纯捆绑策略更高的收益。然而，随着商品数量的逐渐增多，其捆绑策略不但开始变得难以建模，而且通常也不会对利润的继续提升有所帮助。因此，现实中大量商品通过捆绑进行销售的现象非常少见。

数字内容捆绑策略的利润水平受边际成本和市场需求的影响。Altinkemer（2002）等认为，虚拟形式的数字内容具有很好的累加性，捆绑后所产生的利润要高于实体形式的数字内容，因此以利润最大化为目标的数字内容企业应该将所有的数字内容捆绑销售。然而，现有理论和实践都无法给数字内容的捆绑、定价和销售提供有效的参考和指导，特别是在数字内容数量非常庞大的情形下，数字内容的最优捆绑策略更加难以确定。对此，Bakos（1999）等基于大数定律提出了一种解决思路。与对单个数字内容的消费者评价的预测相比，大数定律可以方便地预测消费者对捆绑后的数字内容的评价情况。因此，大量数字内容捆绑销售能够带来更高的整体销量和经济效率，即使是不相关的数字内容通过简单的捆绑也能够产生非常可观的利润。在以上研究中，对于数量为n的数字内容，全部捆绑方案可以表示为

$$
V_n = \begin{bmatrix} v_{11} & & & \\ v_{21} & v_{22} & & \\ \vdots & & \ddots & \\ v_{n1} & v_{n2} & \cdots & v_{ni} \end{bmatrix} \quad \begin{matrix} (1) \\ (2) \\ \vdots \\ (n) \end{matrix} \qquad (2-1)
$$

式中，v_{ni} 表示消费者对第 n 个捆绑方案中第 i 个数字内容的评价。

各捆绑方案中消费者的数字内容平均评价可以表示为

$$\overline{x}_n = \frac{1}{n}\sum_{k=1}^{n} v_{nk} \tag{2-2}$$

在数字内容边际成本为零，消费者的数字内容评价相互独立，服从连续密度函数并且满足非负的情况下，捆绑方案的利润 $\pi(n)$ 必然满足：

$$\pi(n) \geqslant \mu_n \left(1 - 2\left(\frac{\sigma_n^2/\mu_n^2}{n}\right)^{\frac{1}{3}} + \left(\frac{\sigma_n^2/\mu_n^2}{n}\right)^{\frac{2}{3}} \right) \tag{2-3}$$

式中，μ_n 和 σ_n^2 分别为相应捆绑方案中数字内容评价的平均值和方差。

数字内容采取混合捆绑还是整体捆绑策略受消费者需求的影响。Hui（2012）等认为，单个消费者的需求函数是其最初支付意愿和需求数量相互作用和影响的结果，以上两个导致消费者呈现异质性的维度在捆绑策略选择中发挥着相反的作用：消费者对数字内容需求数量存在的差别要求采用混合捆绑策略；而消费者最初支付意愿存在的差异则要求采用整体捆绑，是对数字内容需求数量存在差异时混合捆绑策略的缓和。数字内容供应商应该随着时间的推移而对捆绑方案的定价进行调整。

与上述研究结论相反，有些学者认为数字内容的捆绑策略并不一定总是有效，甚至可能会导致负面的作用。Geng（2005）等通过研究认为，数字内容捆绑策略不一定总是最优，其最优程度取决于消费者对数字内容价值评价的下降情况：当消费者对数字内容价值评价的下降速度不是特别快时，捆绑策略近似最优；但是当消费者对数字内容价值评价迅速下降时，捆绑策略仅为次优。Bockstedt（2014）等通过三个行为实验以及对数字音乐的实证研究认为，数字内容可定制化捆绑存在的设计成本效应（design cost effect）和折中效应（compromise effect）会降低数字内容消费的多样性。Adomavicius 等（2015）基于数字内容具有的新特点对数字内容消费者寻求多样化捆绑组合的行为做了理论分析，最终结果显示，消费者寻求数字内容捆绑组合多样化的程度有所减弱，数字内容供应商无法通过提供多样的数字内容组合来满足消费者需求。通过以上分析可以发现，目前的研究已经证明，当企业采取捆绑销售策略时应该为消费者提供尽可能多的捆绑组合供其选择，然而数字内容较低的交易成本和搜寻成本在供给方面提高数字内容多样性的同时，却给数字内容消费环节带来了新的问题。

定价策略是实现数字内容差异化战略和目标客户定位的重要途径。数字内容极低的再生产、传输和存储边际成本给原有的定价策略带来了挑战。对于数字内容定价的研究主要集中在不同定价方式之间的差别、数字内容的最优定价策略、数字内容定价存在的多样性以及数字内容价格调整可能会产生的影响等方面。一般理论认为对于差异化产品，定价策略需要根据消费者对产品的价值评价或者支付意愿（willingness to pay，WTP），而不是边际生产成本，不同类型的消费者具有不同的支付意愿，随着数字内容交易数量的增加，消费者的支付意愿可能会逐渐下降，也有可能保持不变。Choudhary 针对以上两种支付意愿变化情况分别对不限制使用的站点许可（site licensing）与按照使用次数收费（metered usage pricing）两种定价方案下的数字内容消费者剩余和供应商利润做了分析。

首先对于支付意愿逐渐下降的消费者，其净剩余 S_d 可以表示为

$$S_d = \begin{cases} \int_0^q (\alpha - x)dx - p_s \\ \int_0^q (\alpha - x)dx - p_u \cdot q \end{cases} \qquad (2-4)$$

式中，q 表示购买的许可或数字内容数量；α 表示第一份许可的支付意愿；p_s 为数字内容许可价格；p_u 为数字内容的单位价格，且 $p_u = \alpha - q$，购买许可的剩余为 $\alpha^2/2 - p_s$。

当支付愿意保持不变时，累积支付意愿为 $\omega \cdot n$，ω 为平均支付

意愿，n 为所需要的许可数量。

假设两种类型的消费者分别为 k 和 $1-k$，在采用站点许可定价方案时，数字内容供应商的利润 π_s 可以表示为

$$
\tau_s = \begin{cases} p_s \cdot k + p_s \cdot (1-k)\left(\dfrac{\omega - p_s}{\omega}\right), & p_s \leqslant \omega、 p_s \leqslant \dfrac{\alpha^2}{2} \\[3mm] p_s \cdot k, & \omega < p_s \leqslant \dfrac{\alpha^2}{2} \\[3mm] p_s \cdot (1-k)\left(\dfrac{\omega - p_s}{\omega}\right), & \dfrac{\alpha^2}{2} < p_s \leqslant \omega \end{cases} \tag{2-5}
$$

在采用按使用次数定价方案时，数字内容供应商的利润 π_u 可以表示为

$$
\tau_u = \begin{cases} p_u \cdot k(\alpha - p_u) + p_u \cdot \left(\dfrac{1-k}{2}\right), & p_u \leqslant \omega、 p_u \leqslant a \\[3mm] p_u \cdot k(\alpha - p_u), & \omega < p_u \leqslant \alpha \\[3mm] p_u \cdot \left(\dfrac{1-k}{2}\right), & \alpha < p_u \leqslant \omega \end{cases} \tag{2-6}
$$

在上述分析的基础上研究发现，消费者和数字内容存在的差异必然要求不同的定价方案予以应对，即特定的定价方案适用于特定类型的消费者和数字内容，定价方案与消费者类型之间的协调性越高，企业的利润和社会整体福利水平也就越高。Balasubra-manian（2011）等认为按使用次数收费方案的计时器效应（ticking meter effect）会触发消费者精神损失，因此以上两种收费方案下的消费者 i 的效用 $U_{io}(p_o)$ 和 $U_{is}(p_s)$ 应该为

$$\begin{cases} U_{io}(p_o) = \theta_i(\phi - T - p_o) \\ U_{is}(p_s) = \theta_i\phi - p_s \end{cases} \tag{2-7}$$

式中，$\theta \in [0, \theta_H]$ 为数字内容使用频率，ϕ 为消费者对数字内容的价值评价，T 为按交易收费方案中每次支付造成的消费者精神损失。

数字内容供应商的利润 Π 则可以表示为

$$\Pi = \begin{cases} N(\phi - T)\left(\dfrac{\theta_H}{2}\right), & 0 \leqslant \theta \leqslant \dfrac{\theta_H}{2} \\ \left(\dfrac{N \cdot p_s}{\theta_H}\right)\left(\theta_H - \dfrac{p_s}{\phi}\right), & \dfrac{\theta_H}{2} < \theta \leqslant \theta_{\cdot} \end{cases} \tag{2-8}$$

式中，N 为市场上的消费者数量。

基于以上分析，研究发现，若数字内容供应商处于市场垄断，并且数字内容消费者的额外心理成本较低时，按使用次数收费能够带来更多的利润，消费者的数字内容使用次数具有的不确定性会降低销售收费机制的利润水平，但不会影响按使用次数收费的利润。而在双寡头垄断情况下，结论刚好相反，但是两个数字内容寡头的利润会随着心理成本的增加而增加。当数字内容消费者属于风险规避类型时，无论是数字内容市场是垄断还是双寡头垄断，按使用次数收费的利润率会出现下降。Fishburn（1999）等研究发现，如果两个企业对相同的数字内容采取不同的收费策略，当在无法实现有效联合和互动的情况下，两个企业之间存在的竞争最终会引发激烈的价格战，极少数情况下可能形成均衡的定价。如果消费者对数字内容具有不同的使用频率，且按使用次数付费会给消费者带来额外心理成本时，数字内容供应商的市场竞争情况会对定价策略的有效性产生不同的影响。

数字内容定价差异化策略方案的确定需要体现数字内容市场的发展水平和成熟度，除了基于消费者数字内容使用情况的非线性定价方案，按照一定周期对消费者收取固定费用的数字内容收费方式总是能够增加利润。Huang（2011）等认为，数字内容的可变成本虽然很低但并不为零，真实的成本结构应该近似于零边际成本和周期性增加的固定成本的总和。其中，周期性增加的固定成本主要是用于满足消费者对数字内容增长需要，而额外部署的计算能力或者信息基础设施等，在考虑数字内容的非连续供给特征的基础上，构造了一个基于使用量的价格模型。在模型中，数字内容消费者的偏好函数为

$$w(q,\theta,p) = U(q,\theta) - p \tag{2-9}$$

式中，q 为数字内容的使用数量，θ 为消费者类型，p 代表消费者所支付的全部费用，$U(q,\theta)$ 为数字内容消费者的效用函数。

数字内容消费者效用满足

$$\begin{cases} U(q(\theta),\theta) - p(\theta) \geqslant U(q(t),t) - p(t), & \forall\theta、\forall t \\ U(q(\theta),\theta) - p(\theta) \geqslant 0, & \forall\theta \end{cases} \qquad (2\text{-}10)$$

那么，数字内容供应商的利润最大化问题便可描述如下

$$\max_{p(\theta),q(\theta)} \int_{\underline{\theta}}^{1} p(\theta)f(\theta)\mathrm{d}\theta - C\left[\int_{\underline{\theta}}^{1} q(\theta)f(\theta)\mathrm{d}\theta\right] \qquad (2\text{-}11)$$

式中，$\underline{\theta}$ 为购买与不购买数字内容没有任何差别的消费者类型；$f(\theta)$ 为消费者类型的概率密度函数；C 为数字内容供应商的成本函数，在大多数研究中将其作为常量对待，并认为该成本极低，不会影响数字内容定价。所以，式（2-11）可以进一步简化为

$$\max_{p(\theta),q(\theta)} \int_{\underline{\theta}}^{1} p(\theta)f(\theta)\mathrm{d}\theta \qquad (2\text{-}12)$$

即使数字内容可以任意复制，但是由于受到其他因素的影响，数字内容供应商不能无限制地供应数字内容，假设其最大供应能力为 K，那么式在满足式的基础上还要满足

$$\int_{\underline{\theta}}^{1} q(\theta)f(\theta)\mathrm{d}\theta \leqslant K \qquad (2\text{-}13)$$

对数字内容的最优非线性定价进行研究的结果表明，在数字内容可变成本具有累加性的情形之下，广泛运用的全面成本回收策略（full cost recovery policy）已经不再是最优的价格策

略。Shivendu（2012）等认为，数字内容版本化差异化策略的最终效果与市场上是否存在着侵权行为密切相关，侵权行为会大幅降低数字内容版本差异化策略的效果，数字内容供应商为了避免侵权产生的不利影响倾向于只提供高质量版本的数字内容。随着社交网络的发展，越来越流行的数字内容社会化分享对数字内容价格策略产生显著影响的同时，成为数字内容供应商关心的重点。Galbreth（2012）等认为，社会化分享对数字内容企业定价和利润产生的影响取决于消费者网络的基本结构和共享群体所使用的决策机制两个关键要素。在消费者群体内部的分享水平较高的情况下，企业如果使用的是面向分享群体而不是个体的价格策略，即使分享率继续提高，仍然能够从中受益。分享水平的临界点取决于消费者分享群体大小和群体决策机制。

除此之外，还有一些研究人员对数字内容的定制和定价问题同时做了研究。例如，基于行为经济学理论对消费者购买行为进行的建模分析发现，数字内容分部定价方案的设计，对消费者购买意愿、交易认知和数字内容的捆绑数量具有非常显著的影响。即便是不同定价方案的数字内容，捆绑价格和构成数量相同，该结论也仍然成立。在能够根据消费者偏好信息基于智能代理技术实现动态实时定价的、可定制的数字内容市场上，消费者在价格和定制的权衡过程中总是倾向于退而求其次，这种情形对高端消费者影响较大，同时还会导致消费者剩余向具有较低支付意愿的消费者转移。对于数字内容捆绑销售时按项目收费对消费者福利产生的影响，Adilov（2011）研究指出捆绑销售能够增加消费者福利，特定情况下甚至会提高数字内容的质量，但是按项目收费方式可能会损害消费者福利，即便是降低数字内容价格也无法改变这种影响。其他一些学者从经济学角度研究了移动网络数字内容分发过程和市场特点，并提出基于内容传送和移动服务产品广告投放的创新策略。

2.2　消费者行为理论研究综述

消费者行为具有复杂性和多样性的特征，涉及多个理论视角。理解和解释消费者行为是学术界共同面临的一项挑战，国内外研究学者采用各种不同的方法和工具对消费者行为进行了深入和广泛的研究。

根据研究目标和假设条件，消费者行为研究分为两大派别：一是从经济学角度研究消费者行为，采用抽象演绎和数学分析的方法，以效用价值理论为基础，对消费者行为进行比较系统的研究；二是按市场营销学的观点，从市场销售或销售人员的角度来分析消费者行为，例如消费者购买动机研究、20 世纪 60 年代后半期建构的系统的消费者行为模型以及以决策过程为主的消费者行为研究。消费者行为研究的理论基础如表 2-3 所示。

表 2-3　消费者行为研究的理论基础

消费者行为研究	宏观层面	消费函数理论	相对收入假说	
			持久收入假说	
			生命周期假说	
			理论预期生命模型	
		宏观边际效用		
	微观层面	效用理论	边际效用理论	
			序数效用理论	
			无差异曲线	
		需求递减规律		
		需求层次理论		
		新消费者行为理论	行为经济学	回报原则
				激励原则
				强化原则
			网络的生产特性	

相对收入假说是由美国经济学家、哈佛大学教授杜森贝里（James Duesenberry）提出的。相对收入假说的基本论点是消费者的消费支出不但受其自身收入的影响，而且受他人消费支出的影响，即示范效应。因此随着消费者可支配收入的增加，其边际消费倾向不一定总是递减。消费者行为具有习惯性，受当期收入影响的同时还会受到前期收入水平的影响，如果消费者的收入水平相对过去有所下降，他们宁愿动用过去的储蓄来维持现有的消费习惯，

也不会立即降低消费水平。在社会收入减少时，消费习惯有可能维持消费支出的稳定性，消费者的社会需求总量也不会出现过大波动，即棘轮效应。消费的示范效应和棘轮效应能够在一定程度上解决长期消费函数与短期消费函数的矛盾。相对收入假说消费函数一般表达式为

$$C_{it} = \alpha Y_{it} + \beta \overline{Y}_{it} + \gamma Y_{it0} \tag{2-14}$$

式中，C_{it} 为第 i 个消费者第 t 期的消费；Y_{it} 为第 i 个消费者第 t 期的收入；$\overline{Y}_{it}$ 为第 t 期所有消费者的平均收入；Y_{it0} 为第 i 个消费者第 t 期以前的最高收入；α、β、γ 为参数，满足 $\alpha > 0$、$\beta > 0$、$\gamma > 0$，$\alpha + \beta + \gamma \leqslant 1$。示范效应的作用可以表示为

$$\frac{C_{it}}{Y_{it}} = \alpha_0 + \alpha_1 \left(\frac{\overline{Y}_t}{Y_{it}} \right) \tag{2-15}$$

式中，$\alpha_0 > 0$，$\alpha_1 > 0$。从式（2-15）可以看出，在示范效应的作用下，随着消费者 t 时期收入的下降，其平均消费倾向会由于 $\overline{Y}_t / Y_{it}$ 的上升而上升。同理，棘轮效应可以表示为

$$\frac{C_t}{Y_t} = \beta_0 + \beta_1 \left(\frac{Y_0}{Y_t} \right) \tag{2-16}$$

式中，$\beta_0 > 0$，$\beta_1 > 0$，β_0 代表边际消费倾向，Y_0 代表消费者的过

去收入所达到的最高收入。从式（2-16）可以看出，当 Y_t 上升时，平均消费倾向会减小；反之，当 Y_t 下降时，平均消费倾向会增大。

美国经济学家弗里德曼（Milton Friedman）从否定绝对收入理论和相对收入理论的现行收入概念出发提出了持久收入假说，为长期消费函数和短期消费函数的矛盾找到了一种更新的解释工具。该假说把消费者收入分为暂时收入和持久收入，暂时收入是指临时性的、偶然性的收入，持久收入是指消费者可以预料到的长期性收入。相应的消费分为暂时消费与持久消费，暂时消费是指非经常性的、不在计划中的消费支出，持久消费是指正常的、计划中的消费支出。在持久收入假说中，消费者的收入和消费可以表示为

$$Y = Y_t^p + Y_t^t \qquad (2-17)$$

式中，Y 代表消费者可支配收入，Y_t^p 代表持久收入，Y_t^t 代表暂时收入。

$$C = C_t^p + C_t^t \qquad (2-18)$$

式中，C 代表实际消费，C_t^p 代表持久消费，C_t^t 代表暂时消费。持久消费与持久收入之间存在长期的稳定的关系，短期内暂时消费与暂时收入对这种稳定关系有影响，但在长期内这种影响会相互抵消。持久消费与持久收入之间的稳定关系不受任何绝对经济变

量的影响，暂时收入与暂时消费、暂时收入与持久收入、暂时消费与持久消费之间均不存在固定比率，但持久收入与持久消费之间存在固定的比率，即

$$C_t^p = cY_t^p \qquad\qquad (2-19)$$

式中，c 为相应的比率系数。

美国经济学家莫迪利安尼（F. Modigliani）从整个人生的角度出发研究了消费者的消费分配并提出了生命周期假说。在该假说中，消费者储蓄主要是为了年老消费的需要，对任何一个物品消费是为了得到一定的效用，消费者一生的总效用是目前和未来总消费的函数。根据实际观察到的消费行为，消费者总是试图将一生消费的总效用达到最大，从而得到一生最大的满足。生命周期假说的消费函数可以表示为

$$C = \alpha W_p + cY_d \qquad\qquad (2-20)$$

式中，α 代表消费者对财富的边际消费倾向，W_p 代表财富，c 代表可支配收入的边际消费倾向，Y_d 为可支配收入。

消费者一生的消费水平保持平稳，消费支出等于收入加上最初财富，若把消费者的死亡年龄记作 L，消费者获得财富的年龄记作 T，那么消费者每年的消费支出等于财富 × （$L-T$）＋预期

的平均工资收入，即现期消费支出水平取决于现期财富状况和生命周期的收入状况。

美国经济学家霍尔（R. Hall）等把持久收入假说和理性预期相结合提出了理性预期假说。在理性预期假说中，消费者的消费和投资行为选择受跨时预算的约束，其目的也是追求跨时效用的最大化：

$$C_t = C_{t-1} + \lambda \tag{2-21}$$

式中，C_t 为现期消费，C_{t-1} 为前期消费，λ 为随机参数。消费者在 t 时期的消费行为是由 $t-1$ 期的消费行为所决定的，C_{t-1} 包含了所有可以得到的信息。消费者的消费支出沿长期趋势呈现出随机游走的特征，现期消费的变动与过去的经验无关。该模型又称为随机游走模型。

在研究层次方面，对消费者行为的研究可分为宏观和微观两个层面。在宏观层面上，消费者行为与消费生活方式概念相联系，通常是对消费群人口统计特征及消费行为特征的描述；在微观层面上，消费者行为通常与消费认知、态度、购买意愿及决策过程等具体的购买行为相联系，倾向于对消费者在具体的信息沟通、购买决策、产品使用、对品牌的态度等方面的行为进行解释和说明。

在研究路线方面，消费者行为研究的路线之一是实证主义研究路线，该路线把消费者购买过程分为若干个阶段，对消费者感知、认知、学习、态度、决策、反馈过程进行细分式研究。另一种研究路线是阐释主义路线。该路线认为消费者行为是受情景影响的，不存在共同的行为规律，只有把消费者个体与其所处的环境相联系才能理解消费行为特征。

消费者行为研究层次与研究路线如图 2-1 所示。

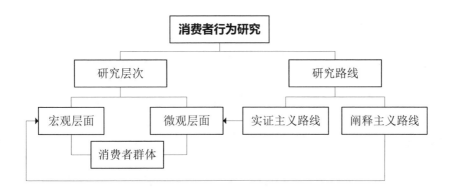

图 2-1　消费者行为研究层次与研究路线

本节接下来将从消费者行为的演进与发展、消费者行为的基本模型以及消费者决策过程模型三个方面对消费者行为研究进行综述。

2.2.1　消费者行为研究的演进与发展

在人类社会中，对消费者行为的关注和消费者行为的经验描述有着十分悠久的历史。我国春秋末期，范蠡已从分析消费需求入手，以"计然七策"经营商业。战国末期，荀子提出生产要"养人之欲，给人之求"的思想，即满足人的消费需求。希腊哲学家亚里士多德则十分关注人们各种形式的"闲暇"消费，以及由此给个体和社会产生的影响。美国古典经济学家亚当·斯密所信奉的"看不见的手"的原理也是建立在对个体消费者行为观察和某些假设之上的。

消费者行为是一系列复杂行为的集成，对其研究是从不同侧面演化和发展的。消费者行为研究始于 20 世纪 30 年代的经济学效用学派，20 世纪中叶，人们开始从心理学角度和社会学角度进行研究消费者行为。然而消费者行为的系统研究主要是在营销领域内进行的。美国的一些企业导入市场营销，为消费者行为研究逐渐发展为一门学科奠定了客观基础。虽然消费者行为研究不能严格划分出明确的阶段，但是根据各时期研究理论的不同可以划分为以下的阶段，如图 2-2 所示。

第一阶段，20 世纪 60 年代以前，主要是以微观经济学理论来解释和研究消费者行为的阶段。根据微观经济学的消费者行为基本模型，消费者想要以产品的消费来最大限度地获取产品的效用。就是说，在消费水平和产品价格一定的情况下，消费者以各产品的边际效用相同的购买方法来实现效用的最大化。比较典型的理论是美国密歇根大学教授卡托纳（G. Katona）的经济心理学。

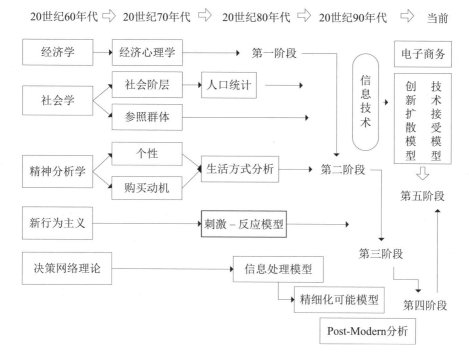

图 2-2 消费者行为研究的发展阶段

第二阶段，20世纪60年代开始，从社会学或者精神分析学角度研究消费者行为，强调消费者的潜在意识等非合理性方面。特别是在消费动机研究中很多学者发现，对产品或者品牌的选择等消费者行为与个别消费者的心理范畴有直接的函数关系。消费者在特定的消费行为形成的心理范畴与奥地利著名临床心理学家弗洛伊德所提出的"本我（id）""自我（ego）""超我（superego）"等动机或者个性因素有密切的关系。这些动机为消费者行为研究提供了深层访谈法（depth interview）和透视法（projective technique）等定性方法和解释性方法。这些分析方法从消费者观点出发看产品，一是可以认识到产品所具有的象征性含义，二是可以获得与企业决策活动密切相关的信息，所以得到了学术界和业界的广泛肯定。然而，动机调查法只对少数消费者进行临床访谈，调查过程存在伦理问题，并且调查结果具有局限性，容易做出主观判断，于是在这些定性动机调查方法与揭示个性和消费方式相关关系定量分析的基础上，开始对消费者生活方式进行研究。

第三阶段，20 世纪 80 年代开始，把心理学、社会学、人类学等社会科学与生物学、数学、统计学等学科结合起来，从行为科学的角度研究消费者行为，特别是对消费者购买风险的研究、对新产品被消费者所接受和扩散的革新与扩散研究、对参照群体影响的研究、从社会心理学角度分析刺激与反应的研究等成为此阶段消费者行为研究的重要课题。从各学科中引入的概念和变量建立了系统性和综合性的消费者行为模型，其中具有代表性的有研究企业与潜在消费者之间相互关系的 Nicosia 模型、强调消费者购买决策过程的 Engel-Kollat-Blackwell 模型、强调知觉和学习过程的 Howard-Sheth 模型。

第四阶段，20 世纪 90 年代开始，研究重点是消费过程本身。在原有研究基础上，在认知心理学的影响下出现了消费者信息处理过程（consumer information processing）的新的研究方法。信息处理方法主要是从认知心理学的角度解释或说明消费者的认知过程，认为信息处理能力支配消费者的决策过程，其代表性的模型是精细化可能性模型（elaboration likelihood model）。还有研究者关心卷入消费者行为模型，在低卷入消费者行为研究的基础上又出现了两个研究倾向：一是强调环境影响的行为主义学习理论，二是强调消费者情感过程的研究。认知角度对消费者行为研究的重点是消费者的客观的、合理的、整体的方面，后现代消费者行为研究与认知角度研究相反，更注重研究消费者的主观或者个别行为方面，从消费者态度形成框架内强调感情作用。

第五阶段，以互联网为代表的信息技术逐步发展并开始得到广泛应用，特别是电子商务、大数据、移动支付、社交网络、云计算的发展为消费者行为研究开辟了新领域。研究者认为，消费者行为是一个源于环境因素影响的条件反射行为，并不一定经过一个理性决策过程，也不一定依赖已经发展起来的某些情感。消费生态问题、文化消费问题、信息处理问题、消费者心理结构问题、消费信用问题、外部环境对消费行为的影响、消费者权益保护的政策与法律问题等成为消费者行为研究的重要问题，理论建模、假设检验、控制实验法、大数据分析等实证研究方法被广泛应用。

2.2.2　消费者行为研究的基本假设

消费者行为研究尚未形成一个被普遍接受的全面系统的理论体系，远非一门成熟的学科，存在着广阔的发展空间和前景，有待于进一步发展和完善。各学科消费者行为研究存在的差异如表2-4所示。

表 2-4　各学科消费者行为研究比较

学科	基本假设	研究目标	研究视角	研究侧重点	研究方法
传统经济学	消费者是追求生命周期内效用最大化的理性人	促进宏观经济增长	整体	收入对消费者行为的影响	定量（建立模型）
行为经济学	消费者是存在认知错误和行为障碍的有限理性人	解释消费者行为	个体	有限认知能力对消费者行为的影响	定量（实验、问卷等）
社会学	消费者是受各种社会关系影响动机复杂的社会人	通过消费活动研究社会结构和功能	整体	社会阶层、关系对消费者行为的影响	定性（访谈、问卷等）
营销学	消费者是追求个性发展和释放消费欲望的自由人	影响消费者行为研究	个体	群体消费者的消费行为特征	定量与定性

传统经济学理论，即在古典经济学框架中，假设消费者是理性人，既不会感情用事，也不会盲从，而是精于判断和计算，其行为是理性的，追求的唯一目标是自身经济利益的最优化。消费者非常清楚自己对产品和服务的需求情况，并总是根据自身偏好实现效用的最大化。以美国科斯、诺斯等为代表的产权制度学派将新古典理论范式中的经济人范围扩展到人类行为领域，即从原

来的货币领域的经济人扩展到非货币领域的经济人，并对其做了有限性的设定修正。然而当消费者都是理性人这个条件放松时，经典的消费行为理论便会失效。

行为经济学把心理学、行为分析和实验经济学有机地结合在一起，其特点是从心理学的角度分析人的决策问题，关注人行为非理性的一面，充分考虑心理因素对决策的影响。行为经济学指出传统经济学的经济人概念是根据经济人的理想环境和条件提出的，缺乏对现实人的特点以及行为和动机的考虑，然后修正性地提出了有限理性人的假设，认为消费者是存在认知错误和行为障碍的有限理性人。行为经济学奠基人、美国科学家西蒙提出了有限理性的信息处理和决策方法。20 世纪 80 年代后，美国经济学家理查德·泰勒等人从进化心理学获得启示，认为大多数人既非完全理性，也非完全自私自利，而是与所处的社会环境有关。

社会学认为消费者是社会人，在研究中假设消费者受各种社会关系的影响、动机复杂，采用访谈、问卷等定性研究方法重点分析社会阶层、关系对整体消费者行为的影响。营销学对消费者行为的研究最为精确和细致，假设消费者是追求个性发展和释放消费欲望的自由人，通过大量借鉴心理学的相关成果，运用定性与定量的研究方法重点对消费者在获取、使用、消费和处置产品和服务过程中所发生的心理活动特征和行为规律进行研究。

2.2.3　消费者行为的基本模型

消费者行为中最为重要且与市场联系最为密切的是其决策和交易行为，两者相互渗透、相互影响，共同构成消费者行为的完整过程。购买决策是消费者在使用和处置所购买的产品和服务之前的心理活动和行为倾向，属于消费态度的形成过程，而消费者行为更多的是购买决策的实践过程。Reynolds 最早根据心理学的相关概念提出了 S–O–R 刺激反应理论，如图 2–3 所示。其中，S（stimulus）代表外部刺激，O（organism）代表消费者，R（response）代表消费对外部刺激的反应。

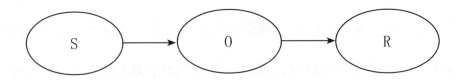

图 2–3　S–O–R 刺激反应模型

在刺激反应理论的基础上，学者们深入探索了消费者购买决策过程，提出了基于不同研究角度的消费者行为模型。

2.2.3.1　Nicosia 消费者行为模型

Nicosia 消费者行为模型主要研究了厂商与潜在消费者之间的

关系，将消费者购买决策过程分为消费者对产品态度的形成、搜寻与评估、购买和反馈四个阶段，如图 2-4 所示。

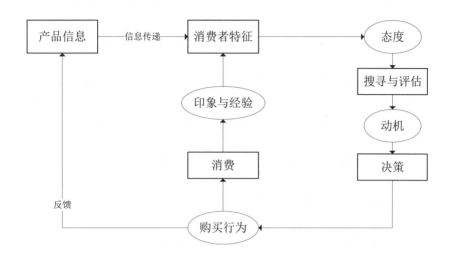

图 2-4　Nicosia 消费者行为模型

该模型非常简单、通俗易懂，缺点是没有考虑外界环境与消费者行为之间的关系和作用。首先，厂商把与产品相关的信息通过广告或者其他营销组合的形式传达给消费者，消费者将接收到的产品信息经过处理形成对产品的态度。然后，消费者主动收集与产品有关的信息并按照一定的评估标准对产品进行评估，形成购买动机。在此过程中，消费者会受到多方面因素影响。最后，消费者通过产品的使用获得体验，体验的好坏将影响消费者再次购买行为；同时，厂商可以根据消费者反馈调整其营销组合。

2.2.3.2 Howard-Sheth 消费者行为模型

Howard-Sheth 消费者行为模型是按照信息输入和输出路径提出的一个消费者决策过程模型。信息输入包括输入刺激因素和外在因素。输入刺激因素包括产品或服务的实意性因素、象征性因素和消费者的社会性因素；外在因素包括消费者文化、个性、时间压力和财务状况。输入刺激因素和外在因素的共同作用导致消费者形成购买动机。该模型还能够提供关于各种选择方案的信息等影响消费者心理活动状态，如图 2-5 所示。

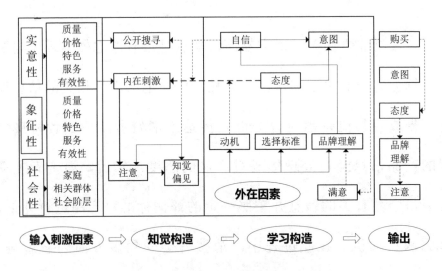

图 2-5 Howard-Sheth 消费者行为模型

该模型考虑的因素比较全面，复杂程度相对较高。消费者在刺激因素的影响下根据以往购买经验，开始选择性地接受产品或服务信息的同时主动搜寻产品或服务的相关信息，这些信息通过消费者的感知系统和学习系统的作用后形成一系列动机，做出对可选择产品或服务的反应，产生影响购买决策的中间因素或者制定出满足其动机的备选方案及其相配合的规则。这些动机、选择方案和中间因素相互作用，形成消费者的输出信息，产生某些倾向或者态度，进而最终导致购买意向以及购买行为的产生。

2.2.3.3　Engell-Kollat-Blackwell 消费者行为模型与 Engel-Blackwell-Miniard 消费者行为模型

Engel-Kollat-Blackwell 消费者行为模型由恩格尔（Janes F. Engel）、科拉特（David T. Kollat）、布莱克威尔（Roger D. Blackwell）提出，简称 EKB 模型，如图 2-6 所示，特点是在以消费者决策过程为重心的基础上，考虑环境因素和个人因素之间的共同作用，由信息输入、信息处理、决策过程及其影响因素、外部影响因素构成。其中，决策过程是该模型的核心部分，主要包括问题识别、信息收集、方案评估、购买选择和购后评价五个过程。

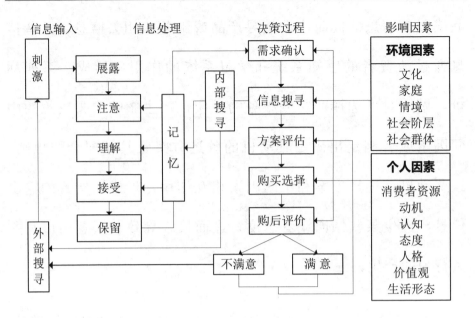

图 2-6 Engel–Kollat–Blackwell 消费者行为模型

在 EKB 模型的基础上经过修正和完善而形成的 En-gel–Blacwell–Miniard 消费者行为模型简称 EBM 模型，是目前众多消费者行为模型中一个较为详尽、完整的系统性框架。与 EKB 模型相比，EKM 模型中的决策过程从五个阶段扩展到七个阶段，分别在购买选择与购后评价之间以及购后评价过程之后增加了消费者使用过程和处置过程。EKB 模型还为 Hawkins–Best–Coney 消费者行为模型、消费者角色分类与行为模型、消费者行为轮盘模型和消费者行为反馈模型的提出奠定了基础。EBM 模型中影响消费者购买决策的因素如表 2-5 所示。

表 2-5　EBM 模型消费者购买决策的影响因素

类别	具体影响因素
外部环境	文化、家庭、个体影响、社会阶层、社会地位
个体差异	人口统计、价值观、个人因素、消费者资源、动机、知识、态度
心理程序	学习、态度和行为的改变、信息处理过程

2.2.3.4　Hawkins-Best-Coney 消费者行为模型

在 Hawkins-Best-Coney 消费者行为模型中，消费者行为被认为是在特定情景下的决策过程，包括识别问题、信息搜集、评价、选择、购买、购后过程，如图 2-7 所示。

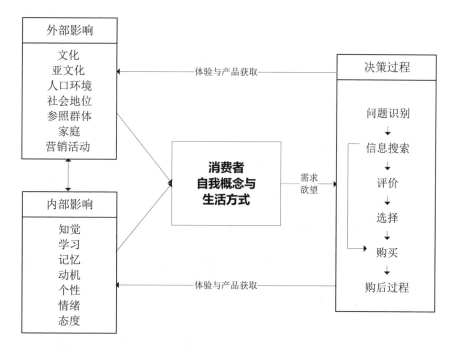

图 2-7　Hawkins-Best-Coney 消费者行为模型

首先，消费者在内外部因素的影响下形成自我概念和生活方式，产生与其自我概念和生活方式相对应的需求与欲望，这些需求与欲望需要借助消费来获得满足；然后，一旦消费者面临特定的情境，一个完整的决策过程将被启动，在体验与产品获取过程中，消费者的需求和欲望得到满足；最后，消费者的体验将会反作用于内部和外部环境，从而引起消费者自我概念与生活方式的调整或变化。

2.2.3.5　Sheth-Mittal消费者关系购买与品牌忠诚模型

随着传统经济向互联网经济的转型，Sheth 与 Mittal 认为消费者将会变得越来越多样化，其时间观念将会越来越强，能够通过各种渠道得到越来越丰富的信息，个性化的趋势越来越明显。在这种情况下，两人基于消费者价值这个全新的视角对消费者行为做了研究，主要观点有"所有消费者行为都受到消费者取得并使用产品和服务时所得到的价值的驱动""产品和服务为消费者所传达的价值是由其解决问题的能力构成的""只有产品和服务具备了满足消费者需要和需求的能力时，它才会创造出价值"。在界定消费者角色和消费者价值的基础上，Sheth 和 Mittal 提出了消费者关系购买模型和消费者品牌忠诚模型。其中，消费者关系购买模型是指消费者在购买之前会锁定一些供应商，然后通过这些供应商来满足其对产品或者服务的需求，如图 2-8 所示。

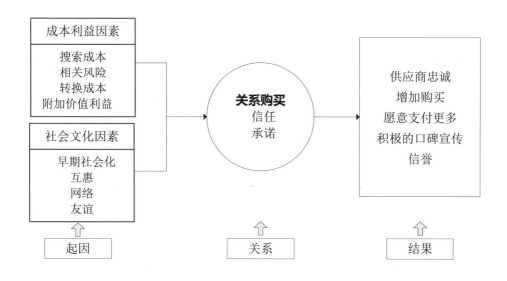

图 2-8　Sheth-Mittal 消费者关系购买模型

消费者关系购买模型由三个部分组成。一是起因。成本利益因素和社会文化因素促使消费者产生关系购买的动机，并进一步决定着消费者是否建立一种购买关系的决策。二是关系，即消费者与产品服务供应商之间的关系。一般情况下，由于选择供应商的过程需要消费者投入大量的时间、金钱和精力，所以消费者与特定一家供应商建立购买关系的可能性较高。三是结果。如果消费者与供应商之间的购买关系是建立在相互信任和相互承诺的基础上并会带来较高的消费者价值，消费者就会在购买之后形成供应商忠诚、增加购买、愿意为供应商的产品服务支付更高的价格、积极的口碑宣传等类似的态度与行为，反之则相反。

Sheth-Mittal 消费者品牌忠诚模型主要用来识别影响消费者对品牌忠诚与不忠诚的因素，如图 2-9 所示。从图中可以发现，对品牌忠诚起正面作用或有助于提升品牌忠诚的因素包括消费者可察觉的品牌性能和适合性、品牌的社会及情感象征意义，以及消费者长期使用品牌过程中形成的习惯三方面的因素。相反，降低品牌忠诚或对品牌忠诚具有负面作用的因素主要取决于其他品牌的吸引力，分别体现在品牌竞争、消费者需求的多样性、介入程度、价格敏感度等方面，即市场因素以及消费者因素。

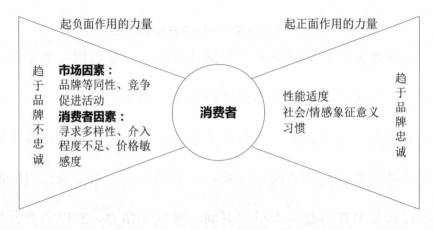

图 2-9 Sheth-Mittal 消费者品牌忠诚模型

2.2.3.6 Henry Assael 消费者行为反馈模型

在环境因素对消费者行为产生的影响方面，Henry Assael 消费者行为反馈模型与 Hawkins-Best-Coney 消费者行为模型具有一致性，两者之间的区别主要体现在消费者购后的反馈行为方面，如图 2-10 所示。

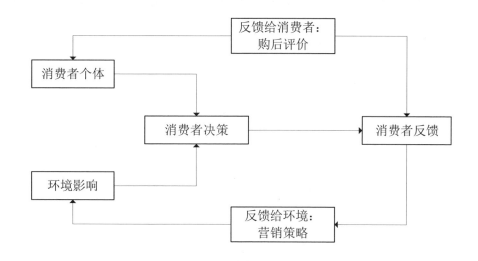

图 2-10　Henry Assael 消费者行为反馈模型

Henry Assael 消费者行为反馈模型认为消费者购后存在着两条反馈路径：一是反馈给环境，实质上是对供应商营销策略的反馈；二是反馈给消费者，也就是对消费者自身的反馈。两种形式的反馈反作用于消费者决策。该模型还将消费者购买决策分为两类：一类是高度参与型的购买决策，另一类是低度参与型的购买决策。其中，高度参与型的购买决策是指那些对消费者非常重要的购买活动，购买行为非常重要、产品的价格昂贵、购买该产品购买者要承担重大的风险、该产品符合某一社会群体的价格标准等是其购买活动的特点。

2.2.3.7 Solomon 消费者行为轮盘模型

Solomon 认为，消费者行为的基本逻辑是一个从微观到宏观的运行过程，根据消费者所处情境的不同构造了轮盘式消费者行为模型，如下图 2-11 所示。

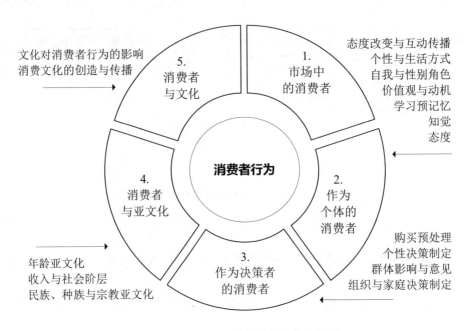

图 2-11 Solomon 消费者行为轮盘模型

在该模型中，消费者首先是市场重要组成单位，作为个体的消费者通过知觉等接收与产品或服务有关的信息并进行学习、记忆与储存，形成对产品和自身的态度；作为决策者的消费者，要利用所获得的信息制定消费行为决策；消费者与亚文化主要包括民族、种族与宗教、收入与社会阶层、年龄亚文化；消费者与文化包括文化对消费者行为的影响、消费文化的创造与传播。Solomon 消费者行为轮盘模型在分析消费者五个不同角色的同时，还强调了购买、拥有与存在，认为消费者行为不只是对消费者购买行为本身的研究，拥有与存在即使不比购买重要，也至少与购买行为具有相类似的重要程度。

随着消费者行为研究领域的不断拓展，消费者主权理论开始得到学术界的关注，但是消费者主权的相关研究大多建立在消费者获得支配地位的基础上，隐含着对生产者权利的排斥，不论是生产者与消费者，或者生产过程与消费过程都被认为是互相隔离的不同部分，分别被纳入不同的分析框架，这与网络时代消费者行为具有的新特征形成了明显的对比和落差。基于信息与通信技术的新兴的电子商务模式打破了传统商务模式所面临的时空限制，信息在网络空间内的低成本和高效流通进一步降低了消费者信息搜寻成本，伴随着产品和服务从缺乏到丰富再到可靠性需求的转变，整个市场以消费者为中心的整体发展趋势在不断地增强，消费者行为理论正面临着越来越多的冲击和挑战。

2.2.4　消费者决策过程模型

消费者决策是指消费者在购买产品和服务对象时所做出的选

择过程。消费者决策过程模型表现为消费者决策时所经过的步骤。通过对国内外学者关于消费者决策过程方面的研究进行系统梳理发现目前消费者决策过程模型主要包括一般模型、五阶段模型和七阶段模型。

2.2.4.1 消费者决策过程的一般模型

消费者决策过程的一般模型是由 John A. Howard 提出的，由信息 F、品牌识别 B、态度 A、自信 C、动机 I、购买 P 六个相互联系的变量构成，因此又被定义为消费者行为 ABC 理论。在该模型中，信息引起消费者识别品牌，依据消费者的需要评价品牌形成态度，依据品牌、态度和消费者自信水平引发购买动机、做出购买判断决策。在以上六个要素中，中心变量是品牌识别、对品牌的态度和判断品牌的信息，如图 2-12 所示。

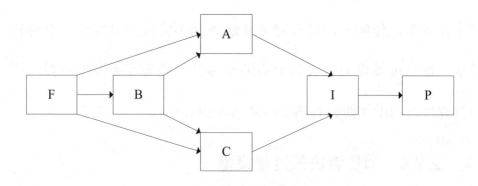

图 2-12　消费者决策过程的一般模型

2.2.4.2 Mowen-Minor 消费者决策过程五阶段模型

Mowen-Minor 消费者决策过程五阶段模型由 John C. Mowen 和 M. S. Minor 提出。他们两人将消费者看作理性的问题解决者，并由此将消费者购买决策的一般过程分为五个阶段，即认知问题—搜寻信息—评价被选方案—选择与决策—购后评价，如图 2-13 所示。

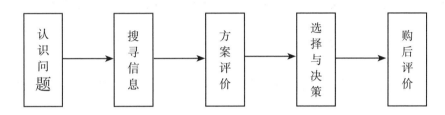

图 2-13　Mowen-Minor 消费者决策过程五阶段模型

2.2.4.3 Blackwell 消费者决策过程七阶段模型

Roger D. Blackwell 对五阶段模型进行了修改，并在购买之后增加使用阶段，在用后评估之后增加了处置阶段，将 Mowen-Minor 消费者决策过程五阶段模型扩展成为七阶段模型，如图 2-14 所示。

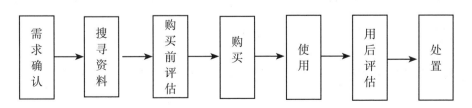

图 2-14　Blackwell 消费者决策过程的七阶段模型

虽然以 S–O–R 概念为首的消费者行为模型在解释消费者行为方面做出了一定贡献，但是在实证研究时发现，消费者并不会始终仔细地进行信息收集和方案评估，并不严格遵循上面提到的购买决策过程。因此，消费者行为模型不能用来解释现实生活中消费者的各种购买行为，只能用于解释某些特定商品的消费行为。另外，消费者的购买行为与消费者行为有着本质的区别。消费者行为包括整个消费过程，这个过程受到内外部环境因素的综合影响，而消费者购买行为仅是整个消费过程的一个组成环节。即便如此，由于数字内容消费者归属于消费者范畴，所以本章介绍的消费者行为模型对于研究数字内容消费者行为具有一定的借鉴意义和参考价值。

2.3　数字内容消费者行为研究综述

数字内容消费者已成为数字内容产业价值链的真正掌控者并决定着数字内容消费的未来发展方向。IBM 商业价值研究院（Institute for Business Value，IBV）和埃森哲（Accenture）开展的相关调查研究表明，当今的数字内容消费者互联互通，拥有不同以往的市场影响力和主导权，不再处于被动状态，其消费行为也更加复杂。在新兴信息技术背景下，数字内容与其他行业不断融合并演变成为全新的数字生态系统，构成系统的各方以消费者为中心进行数字内容的生产消费、传输、版权保护、平台建设等活动，如下图 2-15 所示。

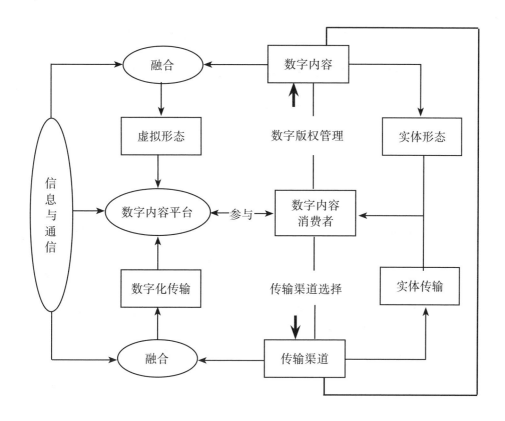

图 2-15　数字内容消费者行为示意图

2.3.1　数字内容消费者行为特征

随着经济水平的不断提升，自由选择、自主消费成为现代市场体系的重要标志，当前消费者已经从工业经济时代大规模生产被动接受转向主动提出需求进行按需生产和个性化生产阶段，数字内容消费者行为同样如此并呈现出新的特征。新兴网络信息技术背景下，互联网对信息流动方式的重新组织使得传统产品市场上存在的信息不对称现象得到了明显的改善，消费者行为的放大效应使得消费者逐渐成为市场经济的核心。消费者除了可以任意搜寻感兴趣商品的信息之外，还可以自己创造内容，其行为呈现出明显的碎片化、全渠道化和个性化特点，具有较强的主动性、选择性，并追求消费体验，这些成为消费者行为的共性特征。

在数字内容消费市场上，消费者行为受到数字内容特征、个人偏好、市场环境等一系列因素的共同作用和影响，表现出极大的差异。数字内容消费信息能够及时反馈，数字内容供应商在优化改进的同时，还可以精准定位消费群体，所以应当发挥社交媒体对于数字内容消费和购买体验的提升作用，在网络互动、用户参与过程中创新数字内容服务模式。一些学者对数字游戏消费者行为做了研究，认为数字游戏消费者相对来说是理性的，对于数字游戏的选择和消费行为基本上都是以自身利益最大化为原则，不盲目、不随意，而且量力而为，沉迷于数字游戏的可能性较低。数字游戏良性化发展明显，并已经成为一种特殊的人际交往方式。

数字内容消费者行为特征可以归纳为以下五个方面。①数字内容消费者的主动性更强。信息与通信技术的发展使得有关数字内容产品或服务的信息变得更为全面和更容易获得。在整个消费过程中，数字内容消费者更为积极地搜寻自身决策所需要数字内容的信息，资料收集、方案评选更加全面和细致。②数字内容消费者信息获取渠道更加多样化。在数字化媒体融合发展过程中，媒体的形式变得日益多元且丰富，新媒体势力不断增长，数字内容消费者信息获取渠道由单一化趋向多样化。③数字内容消费者的购买行为更加频繁。由于信息通信技术对数字内容再生产和传输成本极大程度的降低以及小额支付技术对数字内容交易成本的不断降低，数字内容消费者的网络在线时间越来越多，购买行为趋于频繁化。④数字内容消费者需求趋于多元化和碎片化。碎片化趋势是消费者行为个性化发展的必然结果，这也使得数字内容消费者的需求越来越多元化。⑤数字内容消费者与供应商及消费者之间的互动增强。其互动不但会跨越娱乐、信息、交易、沟通、教育等多个领域，而且还会跨越不同的技术、通信网络和硬件设备。

2.3.2　数字内容消费者行为研究

目前对数字内容消费者行为的研究比较广泛，如数字内容消费者的侵权行为、采纳行为、传播行为、体验行为、参与行为、使用行为等都是研究的对象。在具体研究中，实证研究是最常见的研究方法，即通过理论分析、构建模型、提出研究假设并收集分析数据，寻找影响消费者行为的因素，对数字内容消费者各种行为进行探索和解释。如从 2001 年开始，有学者就对手机商务应用中的移动短信、移动联络、移动支付、手机游戏、手机泊车付费和彩信六种移动增值业务的消费者使用方面进行研究，总结了影响采纳的相关因素。鲁耀斌（2006）等基于技术接受模型，从认知有用性、易用性、认知趣味性、沉浸体验和隐私等五个方面研究分析互联网用户接纳即时通信服务的影响因素。唐炜东（2010）利用模型和感知价值理论研究发现，个性感知对沟通感知和娱乐感知有显著正向影响，易用性感知对娱乐感知也有正向影响，感知价值对使用态度有积极的正向影响进而正向影响购买意愿。

针对纵向差异化数字内容市场上存在的消费者侵权现象，Chellappa（2005）等从供应商的角度出发，提出了存在侵权和不存在侵权两种情况下，被消费者高估或者低估数字内容最优价格的计算方法，分析了二阶段定价法与威慑手段结合成为应对消费者侵权方案的可行性。在此基础上，Wei（2013）等将两阶段模型用于研究版本升级（version-to-upgrade）策略在解决数字内容强体验性引起的消费者评价不确定性问题。如果消费者对数字内容的初始评价是同质的，该策略可以使在第一阶段购买低质量版本的全部消费者选择高质量版本。当消费者的评价为异质时，若消费者对数字内容期望比较低，那么该策略仍然能够驱动消费者选择升级；但是当消费者比较乐观的情况下，仅有部分消费者会在第二阶段选择高质量的版本。Yu（2015）等研究了消费者生成的有关数字内容质量的评价信息对其他消费者购买行为可能产生的影响，发现如果数字内容企业根据消费者生成的评价信息动态调整价格，消费者剩余会有所减少，这与传统口碑研究认为有利于消费者的结论截然相反。

殷月红（2014）等在行为科学、心理学等研究成果的基础上引入个体特征、心理因素、社会影响等关键因素，整合构建了移动数字内容服务的采纳模型，对用户信息行为、感知优越性、感知成本等与移动数字内容服务采纳行为的相关性进行了实证分析。分析结果表明，感知易用性对感知有用性和采纳行为显著正相关，感知优越性对采纳行为有显著正影响，移动数字内容服务与传统服务相比存在许多优势。这是促使数字内容消费者接纳行为发生的重要因素。心理体验与采纳行为正相关性说明对于内在享乐性体验的重视，这与当前移动数字内容服务产品的特征密切相关。信息使用习惯和社会影响对用户采纳行为的影响不显著，感知成本与用户采纳行为负相关说明对价格较为敏感。侯德林（2015）等以网络口碑传播理论为基础构建了网络视频服务用户内容传播行为意愿模型，对网络视频服务用户传播行为意愿的影响因素做了探索和解释。研究发现，服务平台支持、关心他人、社交利益、视频质量和积极自我提升等因素对网络视频用户内容传播行为意愿有显著的影响作用。其中，积极自我提升的影响作用最大，而帮助公司对网络视频用户内容传播行为意愿的影响不显著。

综上所述，数字内容的快速发展引起了国内外研究人员的广泛关注，对数字内容研究已经从影响因素、特征、发展策略等方面开始过渡到新型信息技术和网络环境下的数字内容产业研究。未来如何准确还原数字内容产品消费者或用户的真实需求，预测消费者行为，通过创新数字内容服务模式提高消费者信息体验，以消费者为核心重新塑造数字内容产业链，建立基于数字内容消费者行为的数字内容产业发展策略，成为数字内容产业的重要研究内容。

2.4 本章小结

数字内容是数字技术和创意内容结合的产物，数字内容及其消费者行为呈现出与传统有形实体产品截然不同的特征，引起了学术界的广泛关注。本章主要从数字内容、消费者行为和数字内容消费者行为三个方面对国内外相关研究和已有理论进行分析和研究：一是对数字内容特征和分类的国内外研究情况进行了梳理，综述了新兴信息技术背景下由数字内容特征而实现的差异化策略研究；二是总结了消费者行为研究方法和路线，归纳整理了消费者行为研究的基本假设，在对常见消费者行为模型进行总结的基础上，全面地分析比较其相互之间的区别；三是重点对数字内容消费者行为的影响因素的相关研究做了归纳和整理，为下文数字内容消费者行为影响因素分析以及数字内容消费者行为模型的构建奠定了必要的基础。

3 面向数字版权管理的消费者行为研究

由于数字内容具有易于无损复制、分发等特性，借助信息技术在互联网上随意批量复制和传播受知识产权保护的数字内容的现象普遍存在，缺乏数字版权保护机制的数字化网络就无法对数字内容进行有效保护，由此而产生的盗版及不规范使用行为将会严重妨碍正常的数字内容消费。本章针对数字内容消费市场上存在的侵权现象，在对数字版权管理特点和存在争议进行分析的基础上，通过构建面向数字版权管理的消费者行为分析框架，研究数字版权管理对数字内容消费者行为产生的影响。

3.1 数字版权管理

在信息与通信技术迅速发展和广泛应用的推动下，互联网、移动网络等新兴传输方式和手机、机顶盒、平板等多媒体终端极大地拓展了数字媒体内容的传输范围。为了防止数字内容被非法拷贝传播，数字版权管理（digital rights management，DRM）作为一种控制数字内容使用权的重要的技术手段逐渐发展起来。其目的是从技术上防止数字内容的非法复制，或者在一定程度上提高复制的困难程度。这样，数字内容消费者必须得到授权后才能使用数字内容，确保数字内容合法使用和共享，从而实现数字内容的全生命周期保护。

3.1.1　数字版权管理的定义

数字版权管理是指对有形和无形资产版权和版权所有者关系进行定义、辨别、交易、保护、监控和跟踪的手段，同时还提供了用于实现数字内容的传输、管理和发行等流程的一套完整的解决方案。数字版权管理技术针对各种形式的数字内容提供有效的、安全的保护（能够被数字版权管理技术所保护的数字内容形式多样，如图像、视频、音频、文档），对数字内容版权进行管理和保护必须依据所要保护的数字内容的特征，按照相关产业中合法的商业模式并且符合法律规范体系。数字版权管理系统主要由实施方案、商业模式、法律保障与约束力三个方面组成，这三个方面相辅相成，从而实现对数字内容进行有效的管理和保护，如图 3-1 所示。

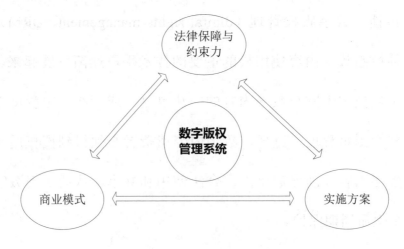

图 3-1　数字版权管理系统构成

按照万维网联盟（world wide web consortium，W3C）的建议，数字版权管理涉及数字内容使用权限的描述、认证、交易、保护、监测、跟踪以及对使用权拥有者之间关系的管理。数字版权管理价值链包括内容创作者、版权拥有者和管理机构、内容代理、发行商、注册与认证、数字版权管理方案提供商、支撑信息系统提供商、内容仓储管理、应用开发者、存储和传输服务、运营、网络服务提供商、接入服务提供商、硬件终端设备制造、软件终端开发。数字版权管理的整个生命周期包括内容制作、内容存储、内容发行、内容接收、内容播放、内容显示等。数字版权管理价值链的构成主体分为数字内容供应商、传播者和消费者。数字内容供应商期望数字版权管理系统能够保护知识产权和收益，提供对交易过程的监控审计能力以及市场的跟踪分析能力，支持不同形式下能够灵活组织的商业运营模式；同时还要求数字版权管理机制具有可扩展性和互操作性，在数字产品生产和传递的过程中具有方便性和经济性。数字内容传播者要求数字版权管理系统能够保护传播者在法律保障下已经获得的合法权益，保障数字内容的可靠性，加强对消费者隐私的保护，同时达到数字版权管理机制需要的互操作性和透明性。数字内容消费者要求数字版权管理系统能够在现有的法律法规下，合法地保障数字内容交易中所获得的权益。这些权益包括数字内容的合理使用权和转让权、数字内容的可靠性、数字信息交易的方便性、消费者隐私保护。消费者还希望数字版权管理机制具有互操作性和透明性并能提供不同程度的增值服务。

3.1.2 数字版权管理存在的争议

数字版权管理技术充分体现了数字内容产业"内容为王"的思想和观念。数字版权管理技术从诞生以来一直存在争议，尤其是苹果公司（Apple Inc.）前任 CEO 史蒂夫·乔布斯（Steve Jobs）提议唱片公司停止销售带有数字版权管理保护的数字音乐之后，数字版权管理技术再次被推到风口浪尖之上。数字版权管理技术涉及产品提供商、版权所有者、批发零售商、网络提供商、硬件生产商、数字版权管理数字内容开发与供应商、消费者等群体的利益，各方之间存在的利益冲突是数字版权管理技术存在争议的重要原因。部分消费者以最低代价获得数字内容的企图导致侵权行为的发生。数字内容提供商为了维护自身利益，采用数字版权管理技术来遏制侵权行为，然而数字版权管理技术的限制作用却又加剧了消费者的侵权行为。

国内外学者分析了数字版权管理背景下数字内容的权限访问、使用控制以及消费者的权益，并对消费者在使用数字版权管理中面临的诸如隐私保护、合理使用等一系列问题做了研究，提出了基于博弈论的各方利益平衡策略及合理共享策略。

在数字版权管理对消费者侵权行为产生的影响方面，Li（2009）等通过研究发现，数字版权管理保护级别越低，数字内容侵权程度越高，垄断情况下的侵权程度要低于非垄断性市场。数字版权管理保护强度由数字内容质量、市场结构、消费者对内容的评价共同决定，例如在复杂的网络环境中，数字内容提供商倾向于采用低级别的数字版权管理保护方案。Vernik（2011）等研究发现，当允许下载无数字版权管理保护的内容时，下载侵权比例反而有所下降。侵权比例的下降却不一定带来数字内容产业利润的增长，增加数字版权管理力度同样也无法提升数字内容版权所有者的利润。

在数字版权管理对消费者合法权益的影响方面，数字版权管理通常是以数字内容提供商的权益以及控制数字内容的使用为出发点，采用了追踪数字内容的使用情况、杜绝非授权存取等技术和方法。这些严格的使用管理和限制在一定程度上侵犯了消费者被法律所赋予的基本权益，造成了版权管理与消费者之间的冲突。Danaher（2010）等认为，数字版权管理系统会造成消费者使用的不便和隐私泄露等危害，损害消费者利益，降低其满意度，并阻碍数字内容产业发展，需要研究如何提高消费者对数字版权管理的可接受性、解决内容提供商与消费者间的利益冲突。

在数字内容各方利益平衡方面，Van（2006）认为数字版权管理涉及数字内容提供商、版权所有者、批发零售商、网络提供商、硬件生产商、数字版权管理开发与供应商以及消费者等群体的利益，各方之间存在着利益冲突。Yoon 等（2002）全面地分析了数字版权管理安全策略中所存在的问题，认为现有的数字版权管理策略在法律和市场上都不必要地限制了消费者的权利；同时，建议要充分考虑消费者的需求，建立一种新的数字版权管理机制来维护包括消费者在内的各方权利。Arnab（2005）等提出了两种谈判机制，使得消费者从权利所有者中得到一个相对平衡的数字交易，并通过制定和协商双方契约的方式来解决消费者提出需求的问题，从而尽量达到消费者与权利所有者之间的平衡。Heileman（2007）等描述了一个基于博弈论的数字版权管理的模型。该研究运用博弈论分析了数字版权管理系统中可能存在的数字内容分享给数字内容供应商利益所造成的损害，通过博弈论中博弈树分析指出，现有的应对措施是对非法下载内容的消费者和文件共享的消费者进行巨额惩罚，但是该惩罚并不是符合双方各自利益的最佳解决方式。为了达到博弈均衡并实现双方均能收益，应当采取一种奖励机制，如可以通过一个可信任权威，对各个消费者进行分级，然后对那些经常购买且不分享文件的消费者予以适当的奖励。

张志勇（2009）等在博弈论方法的基础上通过加入不同的安全策略，提出了一个关于内容提供商、数字权利／服务提供商、消费者三方之间的非合作博弈模型，进而得出了最优均衡安全策略组合及其存在条件。但是在研究中，没有加入消费者对隐私保护以及内容质量的不同需求的考虑，只是从技术保护层面做了参与方之间的博弈。Chang（2007）等对访问权利的分配问题做了讨论，认为虽然数字版权管理对于遏制数字内容的盗版具有重要意义，但是不可避免地带来了权限之争，提出运用博弈论的方法从囚徒困境模型出发构建一个共享访问权利模型是一个较好的解决思路。

3.2　消费者行为模型

3.2.1　前提条件与基本假设

通常情况下，数字版权管理技术会对数字内容消费者的使用权限、使用次数、使用期限、使用条件等使用权利进行严格控制，数字内容消费者只能在专用设备，并在规定的次数和期限内使用授权的数字内容，无法享受学术研究、格式转换等法律规定的合理使用（fair use）权利。数字内容消费者不能转卖、赠送或者出借购买的数字内容，不能随意变更数字内容的使用设备。数字版权管理系统体系架构及安全协议存在的漏洞或者缺陷还可能会造成消费者个人信息、交易记录等隐私的泄露。而侵权获得数字内容在这些方面均没有限制，数字内容消费者拥有完全的使用权利，可以在任意支持的设备上无限制地使用数字内容，而且不存在隐私信息泄露的风险。所以对于数字内容消费者，受数字版权管理技术保护的数字内容和无数字版权管理技术保护的数字内容在使用价值上存在明显的差别。

数字版权管理技术虽然能够在一定程度上保证数字内容不被非法复制和传播，可以有效防止数字内容消费者的非法使用行为，但是却降低了数字内容的灵活性，严重影响着消费者的数字内容体验。Pfeiffer Consulting、国际数据公司（International Data Corporation，IDC）等研究咨询机构以及 Berry、Domon 等研究人员也已经证明，相对于保护的数字内容，没有任何使用限制的数字内容具有较高的价值。因此，若把受数字版权管理保护的数字内容的使用价值记为 θ_p，无数字版权管理保护的数字内容的使用价值记为 θ_b，则

$$\theta_p > \theta_b \qquad\qquad (3-1)$$

若把以上两种形式的数字内容在使用价值上的差别记为 $\Delta\theta$，那么 $\Delta\theta$ 可以表示为

$$\Delta\theta = \theta_p - \theta_b \qquad\qquad (3-2)$$

为了量化分析，把数字版权管理环境中数字内容消费市场所包含的实体抽象为数字内容消费者和数字内容供应商两类。其中，数字内容消费者会衡量不同行为所带来的效用，然后做出符合其自身利益最大化的选择。数字内容供应商认为，数字版权管理技术可以保护数字内容不会被轻易地非法复制，能够有效地减少侵

权行为的发生，可以通过生产销售带有数字版权管理保护的数字内容，实现利益最大化的目标。

3.2.2 数字内容消费者的效用分析

在数字版权管理环境下，数字内容消费者的行为 M 有三种：向数字内容提供商购买带有数字版权管理保护的合法数字内容（记作 B ）、侵权获得无数字版权管理保护的数字内容（记作 P ）、不使用任何数字内容（记作 N ），即

$$M = \{B, P, N\} \tag{3-3}$$

3.2.2.1 合法购买数字内容

在数字内容消费市场上，数字内容提供商总是按照自身利益最大化原则制定销售价格，消费者购买数字内容必须支付与销售价格相等的成本才能获得数字内容。如果把消费者合法购买数字内容所支付的成本记为 p_{dc} ，那么合法购买数字内容所产生的效用 U_C^B 可以表示为

$$U_C^B = \theta_b - p_{dc} \tag{3-4}$$

3.2.2.2 侵权获得数字内容

消费者侵权获得数字内容行为可能会受到法律的惩罚。若把消费

者侵权行为被发现之后受到的法律惩罚记为 C_{pl}，相应的法律惩罚概率记为 ρ（$0 \leqslant \rho \leqslant 1$），消费者通过侵权方式获得数字内容所占比例记为 λ（$0 \leqslant \lambda \leqslant 1$），那么消费者侵权获得数字内容所付出的成本期望可以表示为

$$E(C_{pl}) = \lambda \cdot \rho \cdot C_{pl} \qquad (3-5)$$

消费者通过侵权途径获得数字内容所得到的效用 U_C^P 可以表示为

$$U_C^P = \theta_p - \lambda \cdot \rho \cdot C_{pl} \qquad (3-6)$$

3.2.2.3　不使用数字内容

当消费者不使用数字内容时，消费者不需要付出任何成本，也不会从数字内容中得到任何价值，所以消费者在不使用数字内容情况下不会获得任何效用。

通过以上分析可以得出，数字内容消费者三种不同行为及其相应的效用可以表示为

$$U_C^i = \begin{cases} \theta_b - p_{dc} \, , \, i = B \\ \theta_p - \lambda \cdot \rho \cdot C_{pl} \, , \, i = P \\ 0 \, , \, i = N \end{cases} \qquad (3-7)$$

3.2.3　数字内容消费者行为的影响因素

由于正常的数字内容消费市场不会出现合法购买以及侵权获得

数字内容所得到效用小于等于零的情况，所以重点分析数字内容效用和数字内容市场份额对消费者合法购买和侵权获得两种行为的影响。

3.2.3.1 数字内容效用对消费者行为的影响

若把消费者合法购买和侵权获得数字内容两种行为之间的效用差别记为 U_C^i，那么可得

$$\Delta U_C = U_C^B - U_C^P \qquad （3-8）$$

当 $\Delta U_C > 0$ 时，消费者购买合法行为产生的效用大于侵权获得行为所获得的效用，消费者会选择合法购买数字内容，这是数字内容消费市场的理想状况。

当 $\Delta U_C < 0$ 时，消费者合法购买行为产生的效用小于侵权获得行为所获得的效用，消费者会选择侵权获得数字内容，这是数字内容消费市场的最坏状况。

当 $\Delta U_C = 0$ 时，消费者合法购买行为与侵权行为所带来的效用相同，消费者合法购买与侵权获得两种行为并存，这是数字内容消费市场的均衡状况。

3.2.3.2 数字内容市场份额对消费者行为的影响

当数字内容市场处于均衡状况时，根据 $\Delta U_C = 0$ 计算侵权获得

数字内容所占的市场份额 λ ：

$$\lambda = \frac{\Delta\theta + p_{dc}}{\rho \cdot C_{pl}}$$

（3–9）

由上式可以得出，盗版数字内容所占市场份额随着两种数字内容使用价值的差别 $\Delta\theta$、正版数字内容的销售价格 p_{dc} 的增加而增加，随着侵权行为的法律惩罚 C_{pl}、受到惩罚的概率 ρ 的增加而减少。

当侵权获得的数字内容所占市场份额为 λ 时，消费者合法购买行为的效用与侵权获得的效用相同，即购买正版与使用盗版之间没有差别。

当侵权获得的数字内容所占市场份额超过 λ 时，消费者侵权行为的预期效用减少，小于合法购买行为的效用，消费者将选择合法购买数字内容。

当侵权获得的数字内容所占市场份额低于 λ 时，消费者侵权行为的预期效用增加，大于合法购买行为的效用，消费者将选择侵权获得数字内容。

3.2.4　数字内容消费市场的福利分析

数字内容提供商向市场提供带有数字版权管理保护的数字内容，消费者通过合法途径获得数字内容，同时提供商通过销售产品获得相应的回报进行再生产，实现数字内容产业的良性循环和健康发展。

数字内容市场的总福利由数字内容提供商的收益、消费者合法购买行为产生的全部效用、侵权行为损失的全部效用三部分构成，即

$$W = W_S + W_B + W_P \qquad （3-10）$$

式中，W_S 表示数字内容提供商的收益，W_B 和 W_P 分别表示消费者合法购买产生和侵权损失的全部效用。

3.2.4.1　数字内容提供商的收益

若把数字内容提供商提供的正版数字内容销售价格记为 p_{dc}，所占市场份额记为 q_{dc}，那么提供商的收益 W_S 可以表示为

$$W_S = p_{dc} \cdot q_{dc} \qquad （3-11）$$

假设合法购买数字产品与侵权获得数字产品的市场份额总和为 1，那么正版数字内容的市场份额 q_{dc} 可以表示为

$$q_{dc} = 1 - \lambda \qquad （3-12）$$

将式（3-12）代入式（3-11）中可得

$$W_S = (1 - \frac{\Delta\theta + p_{dc}}{\rho \cdot C_{pl}}) \cdot p_{dc} \qquad （3-13）$$

数字内容提供商的目标是实现自身利益的最大化，对上式 p_{dc} 求一阶导数并令其等于 0，可得

$$1 - \frac{\Delta\theta + p_{dc}}{\rho \cdot C_{pl}} - \frac{p_{dc}}{\rho \cdot C_{pl}} = 0 \qquad （3-14）$$

求得

$$p_{dc} = \frac{\rho \cdot C_{pl} - \Delta\theta}{2} \qquad （3-15）$$

所以，

$$W_S = \frac{1}{\rho \cdot C_{pl}} \cdot (\frac{\rho \cdot C_{pl} - \Delta\theta}{2})^2 \qquad （3-16）$$

3.2.4.2 数字内容消费者的效用

数字内容消费者的效用分为合法购买行为产生的效用和侵权行为损失的效用，即 W_B 和 W_P。W_B 可以通过消费者合法购买行为生产的效用与该行为下正版数字内容所占市场份额的乘积来表示，同理，W_P 可以通过消费者侵权行为生产的效用与该行为下盗版数字内容所占市场份额的乘积来表示：

$$W_i = \begin{cases} (1-\lambda) \cdot U_C^i, & i = B \\ -\lambda \cdot U_C^i, & i = P \end{cases} \qquad （3-17）$$

综上，可得数字内容市场的福利 W 为

$$W = \frac{(\rho \cdot C_{pl} - \Delta\theta)^2}{4\rho \cdot C_{pl}} + \frac{(\theta_b + \theta_p)}{2\rho \cdot C_{pl}} \cdot \Delta\theta \qquad (3\text{--}18)$$

在数字版权管理环境下，数字内容市场销售的带有数字版权管理保护的数字内容的销售价格、与侵权获得无数字版权管理保护的数字内容在使用价值上的差别、消费者侵权行为受到法律惩罚的概率等因素共同决定着数字内容的效用，消费者在比较两种形式数字内容效用的基础上采取能够实现效用最大化的行动方案，在此过程中，数字内容消费者的不同行为潜移默化着数字内容消费市场的福利水平，如图 3-2 所示。

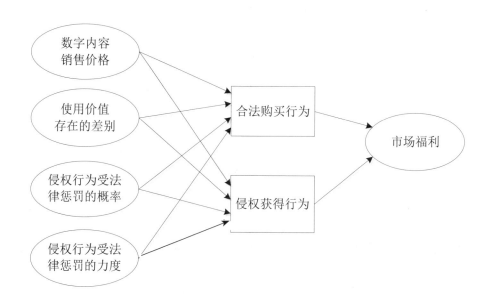

图 3-2　数字版权管理环境下消费者行为的影响因素及其与市场福利

3.3　仿真分析

在数字版权管理背景下，假设消费者侵权行为受到的法律惩罚 C_{pl} 为 200 单位，在仿真分析中，对数字内容产品销售价格 p、两种形式数字内容使用价值存在的差别 $\Delta\theta$、侵权行为受惩罚概率 ρ 及其相应的惩罚 C_{pl} 进行操作，通过观察数字内容市场份额的变化情况分别研究以上四个因素对消费者的数字内容选择行为以及市场福利产生的影响。每组参数重复仿真 50 次，然后取其平均值作为最终仿真结果。仿真计算通过 MATIAB 7.9 软件编程实现。

3.3.1　数字内容价格仿真分析

数字内容消费者购买得到的带有数字版权管理保护的数字内容产品的销售价格 p_{dc} 对消费者行为产生的影响如图 3−3 所示。

从图中可以看出，随着 p_{dc} 的增长，消费者合法购买行为比例呈现出下降趋势。保持 $\Delta\theta$ 不变，消费者合法购买行为比例在 ρ 较大情况下整体高于 ρ 较小情况下，并且 ρ 越小，合法购买行为比例随 p_{dc} 升高而下降的趋势越明显。保持 ρ 不变，消费者合法购买行为比例在 $\Delta\theta$ 较小情况下高于 $\Delta\theta$ 较大情况；随着 p_{dc} 升高，合法购买行为比例下降趋势平稳。

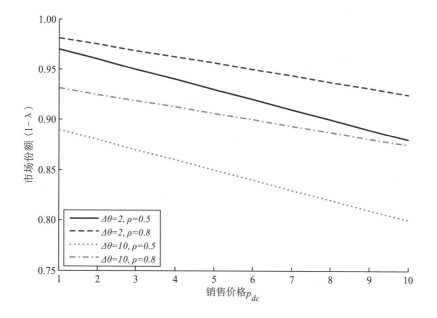

图 3–3　数字内容销售价格对于消费者行为的影响

3.3.2　数字内容价值差别仿真分析

带有数字版权管理保护和无数字版权管理保护两种形式数字内容产品在使用价值上存在的差别 $\Delta\theta$ 对消费者行为产生的影响如图 3–4 所示。从图 3–4 可以看出，随着 $\Delta\theta$ 的增加，消费者合法购买行为比例同样呈现出下降趋势，保持 p_{dc} 不变，消费者合法购买行为比例在 ρ 较大情况下整体高于 ρ 较小情况下；并且 ρ 越小，合法购买行为比例随 $\Delta\theta$ 升高出现下降的趋势越明显。保持 ρ 不变，消费者合法购买行为比例在 p_{dc} 较小情况下高于 p_{dc} 较大情况下；随着 $\Delta\theta$ 增加，合法购买行为比例下降趋势平稳。

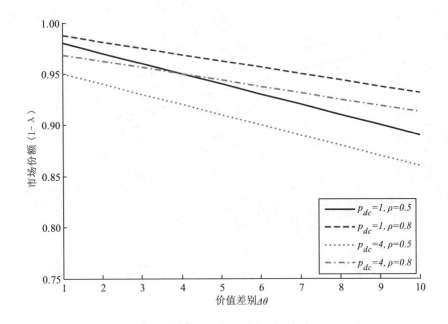

图 3-4　两种形式产品间使用价值差别对消费者行为的影响

3.3.3　消费者侵权行为受惩罚仿真分析

数字内容消费者侵权行为受惩罚概率 ρ 对消费者行为产生的

影响如图 3-5 所示。不同于数字内容产品的销售价格 p_{dc} 和使用价

值上存在的差别 $\Delta\theta$，ρ 与消费者行为是一种非线性关系，随着侵

权行为受惩罚概率 ρ 的提高，消费者合法购买行为比例呈现上升

趋势。特别是 ρ 在 0~0.5 范围内时，最为明显；超过 0.5 时，ρ

的影响越来越弱；当 ρ 接近 1 时，绝大多数消费者会选择购买而

不是侵权方式获得数字内容产品。保持数字内容产品销售价格 p_{dc}

不变，消费者合法购买行为比例在 $\Delta\theta$ 较小情况下整体高于 $\Delta\theta$；

在较大情况下，并且 $\Delta\theta$ 越大，合法购买行为所占比例受 ρ 影响越明显。保持 $\Delta\theta$ 不变，消费者合法购买行为比例在 p_{dc} 较小情况下消费者合法购买行为比例高于 p_{dc} 较大的情况；随着 ρ 增加，对合法购买行为产生的影响逐渐减弱。

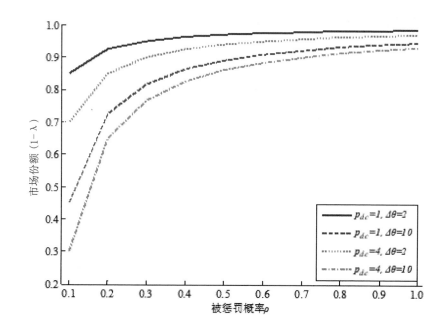

图 3-5　消费者侵权行为受惩罚概率对消费者行为的影响

将 ρ 设置为 0.5，通过控制变量 p_{dc} 和 $\Delta\theta$，研究 C_{pl} 对数字内容消费者行为产生的影响。与 ρ 类似，消费者合法购买行为比例与侵权行为受法律惩罚 C_{pl} 两者之间同样也是一种非线性关系。同时，随着 C_{pl} 的提高，合法购买行为比例呈现上升趋势。p_{dc} 越高，$\Delta\theta$ 越大，C_{pl} 对合法购买行为产生的影响越大；相反，p_{dc} 越低，$\Delta\theta$ 越小，C_{pl} 对合法购买行为产生的影响越小。保持 p_{dc} 不变，数字内容产品在使用价值上存在的差别 $\Delta\theta$ 较小情况下消费者合法购买行为比例高于 $\Delta\theta$ 较大情况下。保持 $\Delta\theta$ 不变，在 p_{dc} 较小情况下消费者合法购买行为比例高于在 p_{dc} 较大的情况。消费者侵权行为受法律惩罚力度对消费者行为的影响如图 3–6 所示。

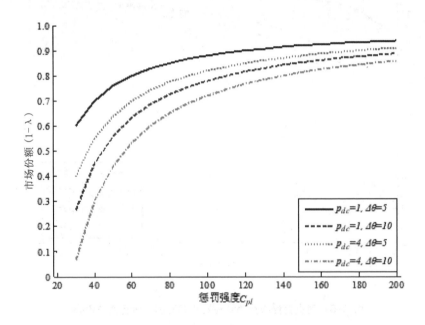

图 3–6　消费者侵权行为受法律惩罚力度对消费者行为的影响

3.3.4　消费者侵权行为受惩罚概率仿真分析

在数字版权管理环境下，数字内容消费市场市场福利 W 总体上会随数字内容销售价格 p_{dc} 的提高而降低；但是在数字内容使用价值差别 $\Delta\theta$ 较小、侵权行为受惩罚概率 ρ 较高的情况下，市场福

利 W 在数字内容销售价格 p_{dc} 增长过程中呈现出是快速减少、然后达到最低水平、最后缓慢增加的一种类抛物线形式的变化趋势；在产品使用价值差别 $\Delta\theta$ 较大、侵权行为受惩罚概率 ρ 较低的情况下，市场福利 W 快速下降并一直保持在低位水平。保持 $\Delta\theta$ 不变，ρ 越高，则 W 越高，反之则越低；保持 ρ 不变，$\Delta\theta$ 越小，则 W 越高，反之则越低。两种形式数字内容使用价值存在的差别以及消费者侵权行为受惩罚概率对数字内容消费市场福利水平所产生的影响如图 3-7 所示。

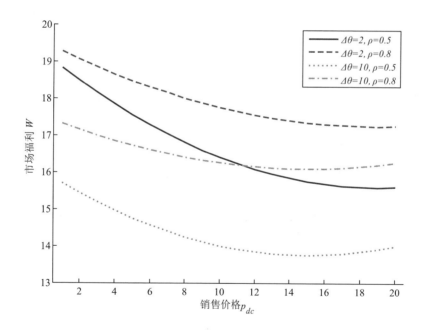

图 3-7　数字版权管理环境下的数字内容产品市场福利

3.4 本章小节

知识产权是数字内容的核心资产，新兴信息技术下数字内容侵权现象日益严重，为了有效保护数字内容产权，在数字内容供应商的主导下，数字版权管理技术诞生并广泛应用。然而数字版权管理对数字内容使用的限制却给数字内容消费者带来了诸多不便，学术界对数字版权管理的实施效果也存在着比较大的争议。对此，本章针对数字版权管理环境下数字内容消费市场上存在的消费者侵权现象，以数字内容消费者为研究对象，以期望效用理论为基础，结合个人理性约束和激励相容约束构造了数字内容消费者行为效用函数和数字内容消费市场福利函数，分析了数字内容消费者三种不同行为所产生的效用；并通过观察数字内容产品市场份额的变化，重点研究了数字内容销售价格、数字版权管理保护和无数字版权保护的数字内容使用价值存在的差别、消费者侵权行为面临法律制裁的概率和力度对消费者行为的影响及其与市场福利的关系。

4 面向数字平台收费模式的消费者行为研究

不同于传统的单边市场，基于信息通信技术的平台（platform）具有明显的交叉网络外部性（cross-network externality）、跨市场网络效应（cross-market network effect）等双边市场特征，平台不再遵循边际成本定价法则，吸引双边用户共同参与成为平台面临的最重要的问题。本章在对平台定价及其常见收费模式分析的基础上，构建面向数字平台收费模式的消费者行为模型，分析和研究数字平台不同收费模式对数字内容消费者行为产生的影响。

4.1　平台定价与收费模式分析

国内外学者关于平台的研究是在双边市场（two-sided market）理论框架范围内进行的。在双边市场上，平台定价策略直接关系到平台用户规模、平台成本分摊、平台利润、各方利益平衡等重要问题。由于传统单边市场的定价原理适用性受限，定价策略成为双边市场研究的核心问题。

4.1.1　平台定价

目前有关平台定价方面的研究主要集中在以下三个方面：一是研究在完全垄断、寡头垄断、差异化竞争、存在重叠业务等各种情形下的平台定价策略与方式；二是平台定价的影响因素研究，比如产品多样性、网络效应、用户多归属、外部性、用户异质性、技术、福利等；三是研究平台差异化策略、价格管制、价格承诺等对平台定价所产生的影响。

在国外研究方面，Rochet（2003）等对平台种类（比如营利性平台、非营利性平台）、用户多归属（multihoming）成本、差异化战略、同侧外部性（same-side externality）和兼容性等因素与平台定价策略之间的关系做了研究，指出平台定价的首要目的是拉拢买卖双方用户，固定式的会员费决定了平台的用户规模，而可变式的使用费则决定了平台的交易量。Hagiu（2006）研究了平台对买方用户的价格承诺行为（price commitment），认为价格承诺对于平台价格结构有着决定性的重要作用。Weyl（2006）在 Rochet 研究的基础上，通过引入脆弱需求（vulnerability of demand）概念，进一步完善了平台价格理论，指出平台、外部性、竞争、价格管控和补贴通常会降低平台的价格水平。其中，竞争、价格管控甚至可能会导致平台价格结构失衡。Economides（2006）

等分析了专有技术（proprietary technology）平台和开源技术（open source technology）平台的最优定价策略，给出了平台在竞争、定价、销售、营利能力和社会福利方面对于软件产业的启示。Armstrong（2006）构建了垄断平台、单属竞争平台和多归属竞争平台模型，解释了平台对一些用户免费甚至提供补贴的定价策略，指出平台价格结构取决于跨群体外部性（cross group externality）量级、收费模式、平台归属三个因素。

在国内研究方面，胥莉（2009）等通过两阶段模型对平台间接定价策略做了研究。研究结果表明，具有初始规模优势和较高品牌价值的平台倾向于采取更加倾斜的价格结构。张凯等（2010）运用标准 Hotelling 模型对具有部分重叠业务的平台做了研究，发现部分多归属最终用户的均衡价格与重叠业务比例呈正相关，拥有特色产品的平台能够通过对最终用户制定高价获得较高的市场份额和利润。纪汉霖（2011）从用户归属行为的视角对双边市场类型做了划分，并在竞争平台有差异以及用户部分多归属的条件下考虑了双边平台定价的博弈论模型。研究发现，当存在部分用户多归属时，平台会对单归属用户收取高价而对部分多归属用户实行免费。Liu（2013）等对平台的价格歧视和单一定价（uniform pricing）做了比较研究，发现价格歧视能够抑制双边市场竞争。

相对于单一定价，当平台边际成本较低时，完全价格歧视能够产生较高利润，表现出较强的盈利能力。万兴（2013）等基于抽象函数建立了纵向差异化双边市场的一般模型，讨论了垄断与双寡头情形下的市场均衡特征，以及在双寡头情形下价格变动的战略效应，分析了网络外部性参数与质量差距变量对均衡价格的影响，发现垄断平台能够比双寡头平台更加有效地协调价格结构。王强（2010）等先后研究了网络外部性和平台收费对网上交易市场价格离散程度的影响，发现当网络外部性强度系数增加或者平台降低收费标准时，网上交易市场价格的离散程度会随之加剧。张千帆（2015）等基于消费者从众特性建立两阶段 Stackelberg 博弈模型，分析了消费者的从众特性对零售平台自营商品与入驻商家联营商品的定价策略的影响，发现在消费者从众特性的影响下，自营与联营商品的定价都会下降，但是定价策略并不相同，零售平台可以通过制定合适的佣金比例有效缓解自营商品与联营商品之间的直接竞争。

4.1.2　平台收费模式分析

平台收费模式主要体现在价格水平（price level）和价格结构（price structure）两个方面。其中，价格水平是指平台向各边用户收取的总费用，价格结构是指总费用在各边用户之间的分配。平台收费模式更加依赖于价格结构，价格结构的合理分配有利于增加用户的平台需求。Bolt（2008）等研究发现，严重倾斜的价格结构有助于平台利润最大化；Genakos（2012）等则直接指出，倾斜的价格结构是双边市场区别于单边市场的重要特征。通过总结可以得出，影响平台价格结构的因素包括平台价格承诺（price commitment）、提供产品或服务的相对价值、平台用户间的相对外部性以及归属行为等。

Caillaud（2003）等最先提出了两种具体的平台收费方式，即注册费（registration fee）和交易费（transaction fee）。前者是成为平台用户、享受平台提供产品与服务必须支付的费用，决定着平台的用户规模；后者是平台用户之间达成交易后，需要向平台支付的费用，决定着平台的交易量。Rochet 和 Tirole（2006）将前者定义为会员费或者固定费用（membership or fixed charge），将后者称为使用费或可变费用（usage or variable charge）。对于数字内容平台，数字内容极低的传输成本有利于平台实行倾斜的价格结构。在有些情况下，平台可能对其中一边用户免费甚至是补贴（subsidy）。咨询机构高德纳（Gartner）的统计结果表明，数字应用平台接近90%的下载来自免费或者限时免费应用；即使是收费应用，其价格也明显低于传统媒介时代。对于非免费数字内容，数字内容平台可以从中任意选择一个作为其收费模式，如 Hulu、Netflix 和 Spotify 向消费者提供的收费模式是会员费，APP Store、Google Play、YouTube 和淘宝阅读则根据消费者实际交易收费。当然，数字内容平台也可以同时提供这两种收费模式供消费者自行选择，如爱奇艺、乐视、Amazon Instant Video 等。国内外知名数字内容平台的收费模式情况如表 4-1 所示。

表 4-1　国内外知名数字内容平台的收费模式

数字内容平台	收费模式			
	会员费		交易费	
爱奇艺	√	19.8 元 / 月	√	5.0 元 / 个
乐视	√	24.0 元 / 月	√	5.0 元 / 个
搜狐视频	√	18.0 元 / 月	√	5.0 元 / 个
淘宝阅读	—	—	√	不固定
虾米音乐	√	15 元 / 月	√	0.8 元 / 首
优酷	√	20.0 元 / 月	√	5.0 元 / 个
Amazon Instant Video	√	99.0 美元 / 年	√	不固定
APP Store	—	—	√	不固定
Google Play	—	—	√	不固定
Hulu	√	7.99 美元 / 月	—	不固定
Netflix	√	7.99 美元 / 月	—	不固定
Spotify	√	9.99 美元 / 月	—	不固定
YouTube	—	—	√	不固定

注："√"表示数字内容平台提供该收费模式，"—"表示数字内容平台不提供该收费模式。

4.2　数字内容消费者行为模型

4.2.1　前提条件与基本假设

根据 Rochet 和 Tirole 从非中性价格结构角度对双边市场的

严格定义，价格策略在平台召集双边用户过程中的重要地位表现在两个方面：一是平台必须确定适当的价格水平，形成合理的价格结构，以吸引用户到平台上来并进行交易；二是平台价格策略的任何改变都将影响双边用户对平台的需求和参与程度，并进一步影响平台的交易量。因此，无论处于用户召集阶段还是发展阶段，平台都需要确定并保持一个最优收费结构或价格水平。

假定市场上只有一个数字内容平台，其提供的数字内容数量为 n，某一消费者 s 对数字内容 i 的质量评价为 v_i^s（$v_i^s \geq 0$）。消费者在平台上查找、浏览、传输和分享数字内容时，不需要负担任何成本。由于数字内容具有非消耗性的特点，消费者与平台之间若有交易行为发生，那么在平台规定时期内该数字内容交易次数保持为 1。当按交易量收费时，计时器效应会导致一定的效用损失。假定在每一次交易中消费者承受的效用损失与该数字内容价格成正比，比例系数为 σ（$0 < \sigma \ll 1$）。

数字内容消费者行为符合个人理性约束（the individual rationality constraint）和激励相容约束（the incentive compatibility constraint）原则。当数字内容平台只提供一种收费模式时，消费者行为符合个人理性约束原则。比如，在会员制收费模式下，对于任意数字内容，当且仅当消费者从中获得的价值大于等于零时才有可能使用该数字内容。类似地，在按交易量收费模式下，当且仅当效用大于等于零时，消费者才会购买数字内容。当数字内容平台采用两种或者两种以上的收费模式时，消费者行为除符合个人理性约束原则之外，还需满足激励相容约束原则。对于数字内容平台所提供任意一种收费模式，当且仅当该收费模式的效用不少于其他收费模式的效用时，消费者才会选择该收费模式，否则不会选择该收费模式。

随着数字内容的扩展和可联网电子设备的多样化，消费者对数字内容在家庭网络设备和家庭成员之间共享的需求日趋强烈，爱奇艺、Netflix 等允许消费者多屏互动，App Store 已购买版块增加家庭购买选项，微软也在考虑 Xbox One 数字内容分享功能。若消费者与家庭成员共享数字内容，假定第 j 位家庭成员对数字内容 i 的质量评价为 v_i^j（$v_i^j \geq 0$），消费者与家庭成员的权重分别为 w_s 和 w_j，权重之和为 1，消费者 s 对数字内容 i 共享情况为 k_i（$k_i = \{0,1\}$）。其中，数字内容 i 未被共享时，$k_i = 0$；被共享时，$k_i = 1$。第 j 位家庭成员对数字内容 i 的使用情况记作 g_i^j，由于家庭成员只能使用消费者分享的数字内容，所以显然 $g_i^j \leq k_i$。

4.2.2 会员制收费模式

若把数字内容平台会员制收费模式对消费者收取的会员费记作 P_m（$P_m \geqslant 0$），消费者使用数字内容 i 的时长记作 t_i（$t_i \geqslant 0$）。根据 t_i 确定消费者对数字内容 i 的使用情况 b_i^m。若 $t_i > 0$，则消费者曾使用过数字内容 i，记 $b_i^m = 1$；若 $t_i = 0$，则消费者未使用过数字内容 i，记 $b_i^m = 0$，综合以上两种情况，可得

$$b_i^m = \begin{cases} 1, & t_i > 0 \\ 0, & t_i = 0 \end{cases} \tag{4-1}$$

当不考虑家庭成员时，消费者使用的数字内容数量 $Q_m = \sum b_i^m$，得到的效用 U_m 为

$$U_m = \sum v_i^s \cdot b_i^m - p_m$$

$$st. \begin{cases} \sum v_i^s \geqslant p_m \\ \sum t_i \cdot b_i^m \leqslant l \\ \sum b_i^m \leqslant n \end{cases} \tag{4-2}$$

当考虑家庭成员时，会员制收费模式带来的效用还应该包括家庭成员获得的效用，总效用 U_m^f 为

$$U_m^f = \sum v_i^s \cdot b_i^m + \sum \sum g_i^j \cdot v_i^j - p_m$$

$$st. \begin{cases} \sum v_i^s + \sum \sum v_i^j \geqslant p_m \\ \sum t_i \cdot b_i^m \leqslant l \\ \sum b_i^m \leqslant n \\ \sum g_i^j \leqslant n \end{cases} \qquad （4-3）$$

此时，消费者 s 及其家庭成员使用的数字内容数量 $Q_m^f = \sum b_i^m + \sum \sum g_i^j$，$i = 1, 2, \cdots, n$。

4.2.3　按交易量收费模式

当数字内容平台按交易量收费时，数字内容 i 的价格记作 p_i（$p_i \geqslant 0$），消费者 s 对数字内容 i 的交易情况记作 b_i^t（$b_i^t = 0$或1）。当不考虑家庭成员时，对于数字内容 i，若 $v_i^s - p_i - \sigma \cdot p_i \geqslant 0$，则消费者 s 会购买，记 $b_i^t = 1$；若 $v_i^s - p_i - \sigma \cdot p_i < 0$，则消费者不会购买，记 $b_i^t = 0$。此时，消费者购买的数字内容数量为 $Q_t = \sum b_i^t$，相应的开销 $W_t = \sum b_i^t \cdot p_i$，获得的效用如下：

$$U_t = \sum (v_i^s \cdot b_i^t - p_i \cdot b_i^t) - \sum (\sigma \cdot p_i \cdot b_i^t) = \sum [v_i^s - (1+\sigma)p_i] \cdot b_i^t \qquad （4-4）$$

式中，$\sum b_i^t \leqslant n$。

当数字内容在家庭成员之间进行共享时，对于数字内容 i，若 $w_s \cdot v_i^s + \sum_j w_j \cdot v_i^j - p_i - \sigma \cdot p_i \geqslant 0$，则消费者会购买，记 $b_i^t = 1$；若

$w_s \cdot v_i^s + \sum_j w_j \cdot v_i^j - p_i - \sigma \cdot p_i < 0$，则消费者不购买，记 $b_i^t = 0$，即

$$b_i^t = \begin{cases} 1, & w_s \cdot v_i^s + \sum_j w_j \cdot v_i^j - p_i - \sigma \cdot p_i \geqslant 0 \\ 0, & w_s \cdot v_i^s + \sum_j w_j \cdot v_i^j - p_i - \sigma \cdot p_i < 0 \end{cases} \qquad (4-5)$$

此时，消费者 s 用于购买数字内容的开销不变，消费者及其家庭成员使用的数字内容数量 $Q_t^f = \sum b_i^t + \sum \sum g_i^j$，获得的总效用如下：

$$U_t^f = \sum [v_i^s - (1+\sigma)p_i] \cdot b_i^t + \sum \sum g_i^j \cdot v_i^j \qquad (4-6)$$

式中，$\sum b_i^t \leqslant n$ 且 $g_i^j \leqslant k_i$。

4.2.4　混合收费模式

混合收费模式下，根据激励相容约束，若会员制收费模式的效用大于按交易量收费模式的效用，那么消费者 s 会选择会员制收费模式；若会员制收费模式的效用小于按交易量收费模式的效用，则消费者 s 会选择按交易收费模式；若两者效用相同，消费者 s 既可以选择会员制收费模式，也可以选择按交易量收费模式，两者无差别。

当不考虑家庭成员时，若把会员制收费模式与按交易量收费模式之间存在的效用差别记为 $\Delta U = U_m - U_t$，那么混合收费模式的效用 U_{mt} 为

$$U_{mt} = \begin{cases} U_m, & \Delta U \geqslant 0 \\ U_t, & \Delta U < 0 \end{cases} \qquad (4\text{-}7)$$

当考虑家庭成员时，若把会员制收费模式与按交易量收费模式之间存在的效用差别记为 $\Delta U_f = U_m^f - U_t^f$，则混合收费模式的效用 U_{mt}^f 为

$$U_{mt} = \begin{cases} U_m^f, & \Delta U_f \geqslant 0 \\ U_t^f, & \Delta U_f < 0 \end{cases} \qquad (4\text{-}8)$$

4.3 仿真分析

假定数字内容平台所提供的数字内容产品数量 $n = 150$，消费者 s 对数字内容的质量评价 v^s 随机分布在标准正态分布 $N[0,1]$ 的正半区域，仿真中通过调整质量评价权重体现消费者家庭成员结构特点。

在会员制收费模式情况下，数字内容的使用时长 t_i 服从 $[0,4]$ 区间上的均匀分布；按交易量收费时，每次交易导致的效用损失与数字内容价格的比例系数 $\sigma = 0.05$，数字内容是否被消费者共享以及共享之后是否被使用均服从随机（0-1）分布。与基于数字版权管理的消费者行为仿真相同，每组参数重复仿真 50 次，然后取其平均值作为最终仿真结果，仿真计算通过 MATLAB 7.9 软件编程实现。

4.3.1　会员制收费模式仿真分析

在一段跨度为 300 的时期内，当数字内容平台会员费 $p_m = 10$ 时，计费周期 l 分别为 50、100 和 200 的消费者效用曲线如图 4-1 所示。

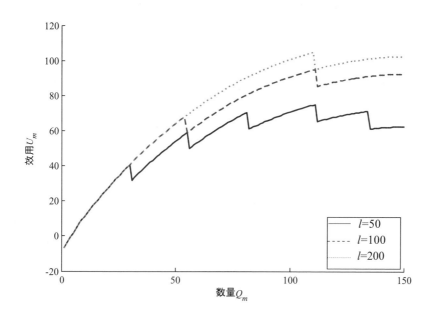

图 4-1　会员制收费模式时数字内容平台不同计费周期下的效用

从图 4-1 中可以发现，消费者效用出现骤降的次数与计费周期的长短密切相关：当计费周期 l =50 时，骤降次数为 5；当 l =100 时，骤降次数为 2；当 l =200 时，骤降次数为 1。在会员费保持不变的前提下，计费周期越短，意味着相同时间内数字内容平台收取会员费的次数和金额越多，消费者由此而损失的效用也就越多。随着计费周期的增加，数字内容平台收取会员费的次数及其金额相对减少，消费者效用损失越少，总体效用水平得到提升。由此可得，随着时间的推移，由计费周期引起的消费者效用差异会越来越大，对于数字内容平台而言，提高会员费的同时适当延长计费周期能够维持消费者效用，可以有效避免出现类似 Netflix 的平台用户流失问题。

在数字内容平台允许家庭共享（family sharing）或者提供家庭计划（family plan）的情形下，除会员费之外，共享人数成为影响该收费模式下消费者效用水平的重要因素。假定消费者所在家庭的成员对数字内容质量评价与该消费者相同，会员费 P_m =10 时不共享（即共享人数 h=0）以及共享人数 h 分别为 1 和 2 时的效用如图 4–2 所示。

从图 4–2 可以看出，随着共享人数的增多，会员制收费模式的效用呈现出明显提升。通过计算可得，被共享后的数字内容的使用率分别为 27.3% 和 31.3%，每增加一个单位的共享人数，对效用的提升力度为 30%~40%。因此对于数字内容平台，为了维持该收费模式的效用，可以在增加共享人数的同时适当提高会员费。如 Spotify 不允许共享时的会员费为每月 9.99 美元，允许两人使用时会员费提高为每月 14.99 美元；Rdio 把共享人数扩大至 5 人之后，会员费由每月 17.99 美元增至每月 29.99 美元。

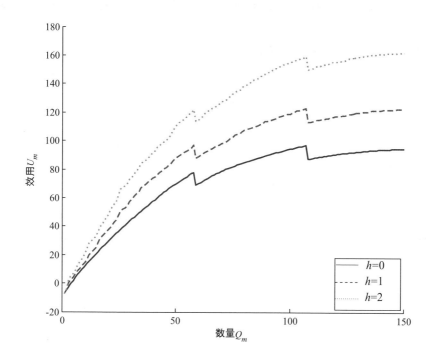

图 4-2　会员制收费模式时数字内容共享人数对效用的影响

4.3.2　按交易量收费模式仿真分析

数字内容价格 P_t 分别为 $v^s/2$、$v^s/4$ 和 $v^s/6$ 时的消费者效用变化情况如图 4-3 所示。其中，v^s 为消费者的数字内容质量评价情况。

从图 4-3 中可以发现，随着数字内容交易数量的增加，消费者效用均呈现出逐渐上升的趋势，但是这种上升的势头会逐渐减缓。特别是当数字内容价格越高时，消费者效用的减缓趋势越明显，其最终效用也相对越低。同理可得，数字内容价格越低，则消费者效用增速越快，消费者的最终效用也越高。通过对比还可以看出，随着数字内容交易数量的增加，数字内容价格不同导致的消费者效用之间的差距越来越明显。

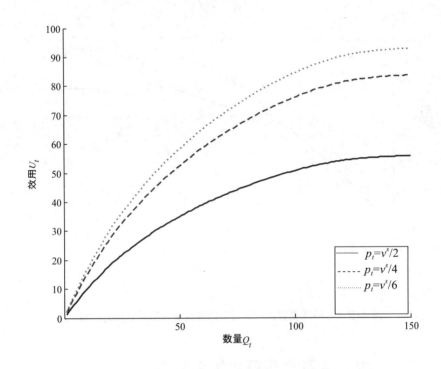

图4-3　按交易量收费模式时不同数字内容价格下的效用

在按交易量收费模式下，当平台提供家庭共享或者家庭计划时，除数字内容价格外，共享人数以及家庭成员结构特点成为可能影响该收费模式效用的重要因素。数字内容平台提供家庭共享或者家庭计划时数字内容价格和共享人数两个因素共同作用下的效用变化情况如图 4-4 所示。

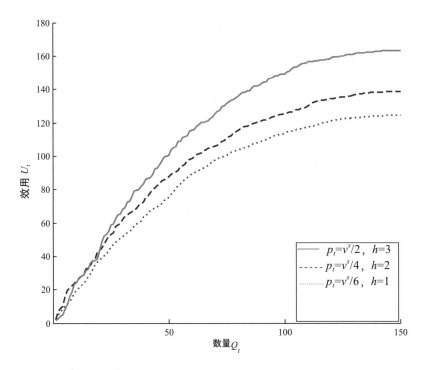

图 4-4 按交易量收费模式时不同数字内容价格和共享人数下的效用

从图 4-4 中可以看出，与较少的共享人数和较低的数字内容价格相比，当增加数字内容共享人数时，即便是提高数字内容价格，按交易量收费模式的效用仍会表现出一定的提升。增加共享人数和提高数字内容价格对效用的改变程度取决于消费者的数字内容交易数量。数字内容交易量越接近于平台数字内容的整体规模，按交易量收费模式的效用越高。此时，被共享数字内容的使用率分别为 28.0%、30.7% 和 34.6%。

为了体现消费者及其家庭成员在数字内容交易中的相对重要程度，假定消费者所在家庭共有三位成员，他们对数字内容质量

评价的权重分别为 w_1（0.50,0.25,0.25）、w_2（0.25,0.50,0.25） 和 w_3（0.25,0.25,0.50），在以上三组权重分配情形下消费者和家庭成员对数字内容质量评价类似时的效用变化情况如图 4-5。

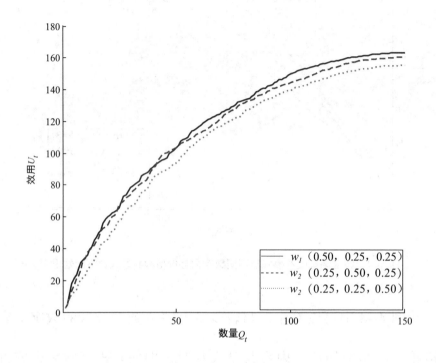

图 4-5　数字内容质量评价类似时不同权重下的效用变化情况

其中，数字内容质量评价存在明显差别时，假定第 j 位家庭成员的数字内容质量评价 $v^j = (j+1) \cdot v^s$，其中 v^s 为消费者的数字内容质量。通过对比可以发现，当消费者与其家庭成员的数字内容质量评价比较接近时，不同数字内容质量评价权重下的效用并未呈现出明显的差别。

当消费者及其家庭成员对数字内容质量评价存在明显差别时，

数字内容质量评价权重对该收费模式效用的作用和影响逐渐体现出来。以上表明，按交易量收费模式下，消费者及其家庭成员对数字内容质量评价是影响效用的主要因素。相对而言，消费者家庭成员权重对效用的影响较弱。

消费者和家庭成员对数字内容质量评价存在明显差别时的效用变化情况如图 4-6 所示。

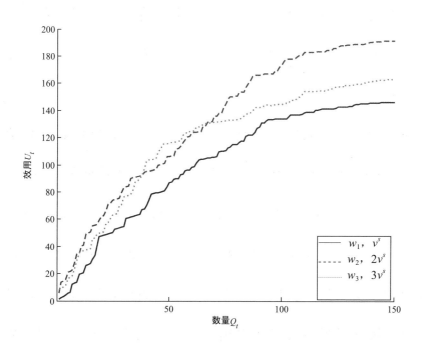

图 4-6　数字内容质量评价存在明显差别时不同权重下的效用变化情况

4.3.3　混合收费模式仿真分析

若数字内容平台同时采用会员制收费模式和按交易量收费模

式，根据消费者行为理论，通常情况下消费者会对两种收费模式的效用大小进行比较，然后选择更加符合其自身利益最大化的收费模式。若不考虑数字内容家庭共享，会员制收费模式中的会员费和收费周期、按交易量收费模式中的数字内容价格是影响混合收费模式效用的重要因素。若考虑数字内容家庭共享，数字内容的共享人数、不同成员对数字内容质量评价的权重成为影响混合收费模式效用的重要因素。接下来，本章将利用控制因素法分别研究以上因素对混合收费模式下的消费者效用和收费模式选择产生的影响。

在不考虑数字内容家庭共享的情况下，当数字内容产品价格 $p_i = v_i^s / 4$ ($i=1, 2, \cdots, 150$)、会员费 $p_m = 10$、计费周期 $l = 100$ 时，会员制收费模式和按交易量收费模式的消费者效用如图 4-7 所示。从图中可以看出，会员制收费模式（M）下的消费者效用增长速度要快于按交易量收费模式（T）。当消费者的数字内容消费量比较低时，按交易量收费模式效用高于会员制收费模式。随着数字内容数量的增加，两种收费模式之间的差距越来越小，并出现相交。在此之后，会员制收费模式的效用开始超过按交易量收费模式的效用，两种收费模式之间的效用差距不断加大，直到会员制收费模式下一个计费周期到来。会员制收费模式新计费周期开始时，收取的会员费使得会员制收费模式效用直线下降，并再次与按交易量收费模式相交。从图中还可以发现，由于平台数字内容规模的限制，当消费者的数字内容使用量或交易量接近平台数字内容规模时，会员制收费模式与按交易量收费模式之间的效用差距逐渐趋于稳定。

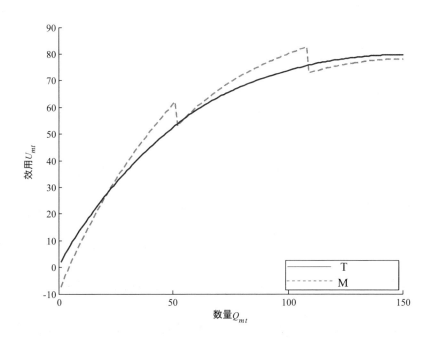

图4-7 混合收费模式下不考虑家庭共享时的消费者效用

在图4-7的基础上，结合图4-1可以发现，在数字内容价格保持不变的情况下，当数字内容平台延长会员制收费模式计费周期或者降低会员费标准时，会员制收费模式效用曲线上移，会员制收费模式效用与按交易量收费模式效用交点下移，混合收费模式下的数字内容均衡数量下降；当数字内容平台缩短会员制收费模式计费周期或者提高会员费标准时，会员制收费模式效用曲线下移，会员制收费模式与按交易量收费模式效用曲线的交点上移，混合收费模式的数字内容均衡数量上升。由图 4-3 可以发现，在保持会员费和计费周期不变的情况下，当平台提高数字内容价格时，按交易量收费模式效用曲线下移，混合收费模式下的数字内容均衡数量减少；相反，在平台降低数字内容价格时，按交易量收费模式效用曲线上移，混合收费模式下的数字内容均衡数量增多。

下面研究混合收费模式下数字内容家庭共享对消费者效用产生的影响。当会员费 $p_m = 10$、计费周期 $l = 100$、数字内容产品价格 $p_i = v_i^s / 4$ $(i = 1, 2, \cdots, 150)$ 时，共享人数 h 分别为 0、1、2 时的效用情况如图 4-8 所示。图 4-8 中 M 表示会员制收费模式，T 表示按交易量收费模式。从图 4-8 中可以看出，消费者数字内容消费量较少时，按交易量收费模式效用稍高于会员制收费模式；但是随着共享人数和数字内容消费量的增加，会员制收费模式的效用逐渐高于按交易量收费模式。

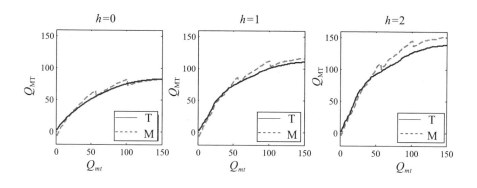

图4-8 不同共享人数下的混合收费模式效用

在混合收费模式下，消费者以及其家庭成员对数字内容质量评价的权重分别为 $w_1(0.50,0.25,0.25)$、$w_2(0.25,0.50,0.25)$、$w_3(0.25,0.25,0.50)$ 时的效用变化情况如图4-9所示。图中 M 表示会员制收费模式，T 表示按交易量收费模式。从图4-9中可以得出，当权重为 w_1 时，两种收费模式的效用曲线大体重合；而当权重为 w_2 或 w_3 时，大部分情况下，会员制收费模式的效用要高于按交易量收费模式的效用，会员制收费模式更加符合消费者利益最大化原则。此时，数字内容共享率分别为53.3%、49.3%和53.3%，两位家庭成员对被共享数字内容的使用率分别为56.2%和58.7%、62.1%和52.7%、55.0%和43.7%。

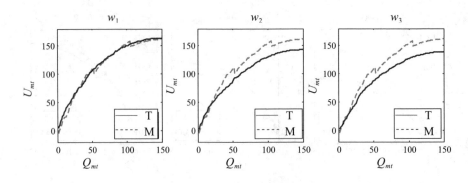

图4-9　不同数字内容质量评价下的混合收费模式效用

4.4　本章小结

基于信息通信技术的平台具有交叉网络外部性、增值性和快速成长性，是经济发展新常态下一种非常重要的产业形式，其功能和价值的不断强化是数字内容生态系统实现开放共赢的关键。本章介绍了平台常见的收费模式，分析了平台价格策略的重要作用，并从价格水平和价格结构两个方面研究了平台收费模式的影响因素，指出了数字内容平台化进程作用和影响下数字内容价格水平的变化情况；在双边市场理论框架范围内，梳理了平台定价的相关研究；总结归纳了平台的定价策略，基于个人理性约束和激励相容约束原则，构造了数字内容平台收费模式下的消费者行为模型；通过对数字内容平台不同收费模式下的消费者行为仿真分析，研究了数字内容平台不同的收费模式对消费者效用以及其数字内容交易数量所产生的影响。

5 面向传输渠道的数字内容消费者行为研究

在互联网尚未普及之前，绝大多数的数字内容是以纸张、胶片、磁带、软盘、光盘为媒介，以实物的形式通过分销或者直销渠道到达最终消费者。随着信息通信技术的不断发展、世界范围内对通信行业的放松管制以及信息通信基础设施建设的日益完善，数字内容传输过程中对物质载体的依赖性得到了极大程度的降低，在线销售渠道进入快速发展阶段。根据中国互联网络信息中心的搜索营销调查显示，82.3% 的互联网用户在购买产品之前会上网搜索信息。搜索结果及结果的质量好坏，直接影响消费者行为，并通过分享成倍扩散。传统渠道和数字化网络渠道并存必然引发消费者渠道选择的问题。本章的主要研究内容是在分析企业和消费者渠道选择影响因素及其相应策略的基础上，构建面向传输渠道的消费者行为模型，研究数字内容的不同传输渠道对消费者行为产生的影响。

5.1 传输渠道相关研究

不同传输分发渠道之间的竞争极大提高了渠道间搭便车问题（free rider problem）发生的可能性。如何合理地将产品在不同渠道之间进行分配，充分运用不同渠道的优势，以避免价格竞争引发的渠道冲突，实现利润最大化，成为企业面临的重要问题。目前，国内外大部分的研究主要集中在渠道选择的影响因素、互联网传输渠道与传统传输渠道之间的相互关系，例如，互联网渠道是传统渠道的延伸还是一种全新的渠道，如何通过合理的渠道选择、定价策略和契约设计从而避免渠道之间存在的价格冲突、利润分配冲突，等等。

5.1.1 企业渠道选择的影响因素及最优策略

陈明洋（2008）等对图书市场做了实证研究，通过分析发现，图书产品、营销渠道的特点以及当前消费者渠道偏好，决定了传统分销方式仍然是非常重要的营销渠道；但在某些领域，电子商务渠道也发挥着重要的作用。针对不同层次的产品企业，需要采取不同的渠道策略。Friedman（2013）认为，决定企业渠道选择的基本因素主要有三个，即细分市场、产品和利润。渠道必须与细分市场中消费者的购买行为特征相匹配。分销渠道的形式也受产品因素影响，不同的产品会要求不同的渠道类型和管理模式。渠道成员组建渠道形式的选择依据还是以利润多少为重。Netessine（2006）等认为，传统渠道和生产商转运配送（drop-shipping）两种互联网上常见的传输渠道可以结合形成双重渠道模式，在此基础上构建了一个单周期非合作博弈模型，通过分析需求不确定性、零售商数量、批发价格、运输成本等关键参数的变化范围，对各个渠道的适用性和优劣性做了探讨。研究发现，转运配送和双重渠道具有良好的可行性，同时还都是帕累托最优。其中，双重渠道总是比传统渠道更为可取。Dumrongsiri（2008）等认为，不同渠道间边际成本存在的差异是生产商和经销商市场份额能否达到均衡状态的决定性因素。当经销商边际成本较高而批发价格、消费者价值、需求不确定性较低时，双渠道策略对生产商更加有利。

消费者需求的不确定性对均衡价格和生产商是否启用直销渠道有着重要的影响。若生产商和经销商能够联合一致，那么直接渠道的增加将会提升行业的整体利润。Xiong（2012）以耐用品为例研究了网络直销渠道和分销渠道并存时生产商和销售商的最优策略，通过构建两期双渠道模型（two-period dual-channel model）分析发现，生产商的网络直销成本是影响经销商利润的重要因素：

生产商网络直销成本越高，经销商利润提高的可能性越大。除此之外，影响经销商最优策略的因素还包括市场结构和竞争特点。刘志勇等（2013）认为，产品质量、销售价格以及消费者的接受程度等因素决定了供应商对销售渠道和销售方式的最终选择。虽然不同的销售方式各有优劣，但对供应商来说，双重渠道仍然是较为理想的渠道模式。刘家国等（2014）以服装、电子产品市场为例，运用 Stackelberg 博弈模型，对搭便车行为影响下的制造商渠道选择、最优化利润和供应链整体利润做了研究。研究发现，搭便车行为较少、涉及范围较小时，对供应链整体利润危害最大；当搭便车系数逐步增加，并达到阈值之后，反而可能会对供应链整体利润产生正向影响。

5.1.2 消费者渠道选择行为的影响因素研究

众多国内外研究人员对消费者渠道选择偏好的影响因素做了实证分析。补国苗等（2010）研究指出，影响消费者渠道选择行为的因素非常广泛，包括企业、消费者、渠道、产品等方面。一方面，这些因素中的任何一个都能够影响消费者对渠道的选择；另一方面，这些因素之间的相互作用可能会对消费者渠道选择带来更加复杂的影响。Venkatesan 等（2007）认为，影响消费者购物渠道选择的因素可以划分为内在因素和外在因素。其中，内在因素是消费者本身特征引起的，外在因素是由渠道间差异引起的。吴泗宗等（2012）指出，产品特性、渠道特性、消费者特性是影响消费者渠道选择的三个要素。Utpal 等（2002）基于消费者行为的视角，提出了一个包含渠道、市场、消费者的非常广泛（broad-based）的变量集，他们认为，消费者对渠道的选择和使用基于特定时间的具体目标、先前的经验经历及其专业知识。王全胜等（2009）认为，渠道选择取决于消费者对渠道属性的感知程度，并通过梳理，将影响消费者渠道选择的因素划分为渠道因素、情景因素、消费者因素三大类。渠道因素包括渠道的便利性、渠道服务质量、渠道风险和通过渠道进行交易的成本，情景因素主要体现在产品、过程两个层次，消费者因素包括人口统计学特征（性别、年龄、收入和教育程度）、心理特征（生活方式、创新特质）及其行为特征（以往的相关经验）。朱玉炜等（2013）对网络直销与传统分销混合双渠道中消费者具有时间偏好情形下的供应链竞争问题做了研究，运用 Bertrand 博弈方法建立了消费者时间敏感系数相关下的供应链定价和需求模型，分析了消费者时间敏感系数的关系与两个渠道的定价策略以及消费者电子商务接受程度对双渠道供应链竞争策略的影响。研究表明，当消费者时间敏感系数确定时，渠道定价与之成正比；不确定时，则成反比。王崇等（2012）以感知效用为视角，从感知利益和感知成本两方面出发，经过系统研究发现商品风险、商品品牌、企业知名度是影响消费者渠道选择的重要因素，对消费者决策心理具有重要影响。刘众等（2005）通过实证研究得出，产品特征、风险感知、渠道服务、信息收集是影响消费者渠道选择的重要因素。对于不同的渠道，这些因素的重要性程度排序会有所差别。

通过以上分析可以发现，目前研究主要是以传统实体商品为对象，试图通过研究制造商、分销商的最优渠道策略来解决互联网线上渠道与传统线下渠道可能会产生的各类冲突，从而达到或者实现以上两种渠道的均衡状况，尽可能地发挥每种渠道的优势。已有的研究表明，对于特定的商品，不同渠道之间的差别主要体现在服务上。即消费者是否购买该商品主要由能增加消费者感知价值的服务决定，包括送货、退换货、维护、保修、售后支持、定期更新等，这些服务成为影响消费者渠道选择行为的重要因素。与传统实体产品不同，作为一种虚拟形式的物品，数字内容特殊的传输特点导致原来能够增加消费者感知价值的服务失去作用。数字内容的网络传输渠道更多的是对传统渠道的颠覆和替代，两者在服务质量、便利性、风险和交易成本上存在明显的差异。互联网对消费者意见的放大效应和信息流动方式的重新组织，使得消费者占据数字内容的主导地位。数字内容新型服务模式不断发展演化，迫切需要以消费者为中心进一步细分、修正影响数字内容消费者渠道决策的因素，加强各种有形和无形因素与消费者渠道选择行为之间的关系研究。

5.2　数字内容消费者行为模型

数字内容消费者的渠道决策行为是一个典型的选择问题。以效用最大化理论为前提假设的基于选择的联合分析模型（choice-based conjoint analysis）对于微观决策者个人行为具有确切的解释能力。在数字内容消费者渠道选择行为分析和建模过程中，借鉴该模型及其他相关研究，同样假设消费者是完全理性的，进行渠道选择的最终目标是为了实现其自身效用的最大化。消费者行为符合个人理性约束和激励相容约束原则。即在单一传输渠道情况下，只要消费者从该渠道获得的效用大于等零，消费者就会选择该渠道；否则，不会通过该渠道获取数字内容。在双重传输渠道下，消费者会对两个渠道进行比较，然后从中选择效用相对更大的一个渠道。同时，该渠道的效用还需要满足非负的条件。

5.2.1　前提条件与基本假设

假设市场上的数字内容存在着实体和虚拟两种形态，分别对应着传统传输和数字化网络传输两条渠道，若把传统传输渠道记作 T，数字化网络传输渠道记作 E，双重传输渠道记作 D，用 S 来表示消费者可选择的传输渠道集合，那么就有 $S = \{T, E, D\}$。对于实体形态的数字内容比如光盘、书籍等，消费者可以通过传统渠道获得，传统渠道可以进一步划分为直销和分销两种形式。而对于虚拟形态的数字内容，消费者可以通过数字化网络传输渠道获得，数字内容平台、网络服务提供商（Internet service provider, ISP）在数字化传输渠道中占有重要地位，如 iTunes、Napster 等。传统传输渠道 T 与数字化网络传输渠道 E 如图 5-1 所示。

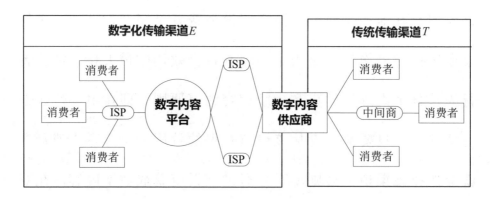

图 5-1　数字内容的两种传输渠道

传统渠道与基于网络的数字化传输渠道，两者之间的区别主要体现在渠道价格、传输路径、渠道成本、所能提供的数字内容形态及其种类和数量方面。在渠道价格方面，Brynjolfsson 等（2000）以实体形式的图书和光盘为例，对互联网和传统零售做了对比研究，发现同一产品在互联网上的销售价格要比传统零售价格低 9%~16%，而且互联网渠道的产品价格调整范围明显小于传统渠道。在传输路径方面，数字内容平台取代传统传输渠道中的中间商成为数字化网络传输渠道的重要环节。网络服务提供商连通着数字内容供应商、数字内容平台和消费者，实现了数字内容的虚拟形式传输。在渠道成本方面，盛天翔等（2011）等认为，在现实中渠道的购物成本是消费者最关注的因素之一。渠道成本主要包括时间成本、搜索成本等。例如，传统传输渠道会给消费者带来交通成本，网络传输渠道可以避免交通成本的产生，却会给消费者带来 ISP 服务费。无论通过哪种渠道，消费者首先会对数字内容进行综合评价，并按照由高到低的顺序选择相应的数字内容。为了更加符合常理和现实情况，假定消费者对数字内容的评价为非增的凹函数（concave function），即随着消费者获得数字内容数量的增加，数字内容的边际效用逐渐降低，消费者效用增长速度逐渐下降。假定对于数量为 k 的数字内容，消费者的总体评价满足以下函数：

$$V_i^k = \alpha_i \cdot k^{\beta_i} \qquad\qquad (5-1)$$

式中，$i \in S$。显然，当 $k = 0$ 时，$V_i^0 = 0$。在式中，α_i、β_i 均为随机变量，并且分别满足 $0 < \alpha_i$、$0 < \beta_i < 1$。由式（5-1）可以发现，消费者总体评价函数的整体水平取决于变量 α_i 的大小，α_i 被称为系数变量；消费者总体评价函数的形状则由变量 β_i 决定，β_i 称为指数变量。变量 α_i、β_i 是造成各个传输渠道之间存在差别的根本原因。在仿真分析中，可以通过调整这两个变量的取值以体现消费者对不同传输渠道的数字内容的总体评价情况，通过式（5-2）还可以得到消费者对第 k 个数字内容的价值评价：

$$v_i^k = V_i^k - V_i^{k-1} = \alpha_i \cdot [k^{\beta_i} - (k-1)^{\beta_i}] \qquad (5-2)$$

式中，N_i 为数字内容传输渠道 i 所提供的可供消费者选择的数字内容数量，$1 \leqslant k \leqslant N_i$。

若用 $U_i(i \in S)$ 来表示数字内容消费者从传输渠道 i 所得到的效用，接下来分别建立单一渠道和双重渠道环境下的消费者效用函数，并对消费者的渠道选择行为进行分析。

5.2.2 传统传输渠道

在传统传输渠道 T 情况下，对于第 k 个数字内容，消费者可以获得的效用 u_T^k 可以表示为：

$$u_T^k = v_T^k - p_T^k - c_T^k \qquad (5-3)$$

式中，p_T^k 表示第 k 个数字内容的价格，c_T^k 表示消费者为得到第 k 个数字内容所付出的除数字内容价格 p_T^k 之外的其他成本。若把消费者对第 k 个数字内容的交易情况记作 b_T^k（$b_T^k \in 0,1$），当 $b_T^k = 0$ 时，表示消费者没有通过该渠道交易第 k 个数字内容；当 $b_T^k = 1$ 时，表示消费者通过该渠道获得了第 k 个数字内容。根据 u_T^k 可以确定：

$$b_T^k = \begin{cases} 0, & u_T^k < 0 \\ 1, & u_T^k \geqslant 0 \end{cases} \qquad (5-4)$$

由式（5-3）和式（5-4）可以得到传统传输渠道 T 下的消费者总效用 U_T：

$$U_T = \sum_{k=1}^{N_T} u_T^k \cdot b_T^k = \sum_{k=1}^{N_T} (v_T^k - p_T^k - c_T^k) \cdot b_T^k \qquad (5-5)$$

式中，N_T 表示数字化传输渠道所为消费者提供的数字内容数量。根据公式还可以求得传统传输渠道 T 下消费者所交易的数字内容数量 Q_T：

$$Q_T = \sum_{k=1}^{N_T} b_T^k \qquad (5-6)$$

5.2.3　数字化网络传输渠道

在基于互联网的数字化传输渠道 E 中，数字内容平台是传输过程中关键的构成环节。通常情况下，数字内容平台提供会员制 m 和按交易量 t 两种收费模式供消费者选择。消费者首先需要选择一种数字内容平台提供的收费模式（charging mode，CM），然后才能在数字内容平台上以数字化的方式获得数字内容供应商提供的虚拟形式的数字内容。

在会员制收费模式 m 下，显然只要第 k 个数字内容满足 $v_E^k - c_E^k \geq 0$，那么消费者便会从数字内容平台获取此数字内容。若把会员费记作 F，那么此时数字内容消费者的总效用可以表示为

$$U_E^m = \sum_{k=1}^{N_E} (v_E^k - c_E^k) \cdot b_E^k - F \qquad (5-7)$$

式中，$b_E^k = \begin{cases} 1, & v_E^k - c_E^k \geq 0 \\ 0, & v_E^k - c_E^k < 0 \end{cases}$。

而在按交易量收费模式 t 下，对于第 k 个数字内容，消费者可以获得的效用 u_E^k 可以表示为

$$u_E^k = v_E^k - p_E^k - c_E^k \qquad (5-8)$$

式中，p_E^k 表示消费者所支付的价格，c_E^k 表示消费者通过数字化传输渠道获取第 k 个数字内容时产生的除 p_E^k 之外的成本。式（5-3）中的 c_T^k 与式（5-8）中的 c_E^k 之间的区别主要体现在具体的成本构

成上：前者可能包含更多的时间成本、交通成本、搜寻成本；而后者主要是网络接入费用，不存在交通成本，并且时间成本、搜寻成本相对较低。

与传统传输渠道类似，若把消费者通过该渠道实现的第 k 个数字内容交易情况记作 b_E^k（$b_E^k \in 0,1$），其中，$b_E^k = 0$ 表示消费者没有通过该渠道交易第 k 个数字内容，$b_E^k = 1$ 表示消费者通过该渠道交易过第 k 个数字内容，根据 u_E^k 可以确定 b_E^k：

$$b_E^k = \begin{cases} 0, & u_E^k < 0 \\ 1, & u_E^k \geqslant 0 \end{cases} \qquad (5\text{--}9)$$

数字化传输渠道下的消费者总效用 U_E^t：

$$U_E^t = \sum_{k=1}^{N_E} u_E^k \cdot b_E^k = \sum_{k=1}^{N_E} (v_E^k - p_E^k - c_E^k \cdot b_E^k \qquad (5\text{--}10)$$

数字内容消费者的总效用 U_E：

$$U_E = \begin{cases} \displaystyle\sum_{k=1}^{N_E} (v_E^k - c_E^k) \cdot b_E^k - F, & CM = m \\ \displaystyle\sum_{k=1}^{N_E} (v_E^k - p_E^k - c_E^k \cdot b_E^k, & CM = t \end{cases} \qquad (5\text{--}11)$$

式中，N_E 表示数字化传输渠道所为消费者提供的数字内容数量。根据式（5–11）还可以求得消费者通过数字化传输渠道 E 所交易

的数字内容数量 Q_E ：

$$Q_E = \sum_{k=1}^{N_E} b_E^k \qquad （5-12）$$

5.2.4　双重传输渠道

双重传输渠道就是指实体形式数字内容与数字化虚拟形式数字内容同时存在的情况，对于第 k 个数字内容，消费者可以通过传统传输渠道获得实体形式的数字内容，也可以通过数字化传输渠道获得虚拟形式的数字内容。如一本书既有纸质的，也有与之相对应的电子书；音乐、电影、游戏等数字内容也经常以两种形式存在。

在双重传输渠道环境 D 下，数字内容在两个传输渠道之间存在的效用差别导致消费者渠道选择行为。如果消费者从两个传输渠道所获得的效用越接近，那么传输渠道之间的替代性越好。消费者就如同 Hotelling 模型中的厂商，在经过不断的调整之后，总是能够找到一个均衡点。位于均衡点两侧的消费者分别选择各自一边的传输渠道。借鉴 Hotelling 模型，可以认为消费者对两种渠道传输的不同形式的数字内容的价值评价以及渠道本身的差别决定着与消费者的距离。基于此，在 Hotelling 模型的基础上，对双重传输渠道中消费者的渠道选择行为进行分析。假定消费者在数字内容平台上有两种收费模式可选，根据激励相容原则，对于第k个数字内容，消费者会分别把两个收费模式下的效用与传统传输渠道的效用进行比较，然后从两者之中选择一个更加有利于实现其自身效用最大化的传输渠道。

首先，在会员制收费模式 m 下，由于会员费属于典型的固定成本，所以在分析消费者对第k个数字内容的效用时不考虑其影响，消费者通过何种传输渠道获取数字内容k取决于传统传输渠道的效用u_T^k与会员制收费模式下数字化传输渠道效用$(v_E^k - c_E^k)$之间的大小关系。若$u_T^k - (v_E^k - c_E^k) \geq 0$，并且$u_T^k \geq 0$，消费者将会选择从传统传输渠道获得数字内容$k$，记$b_{DT}^k = 1$，$b_{DE}^k = 0$；若$u_T^k - (v_E^k - c_E^k) < 0$，并且$v_E^k - c_E^k \geq 0$，消费者将会选择从数字化传输渠道获得第$k$个数字内容，记$b_{DT}^k = 0$、$b_{DE}^k = 1$。

其次，与在会员制收费模式m类似，在按交易量收费模式t下，消费者从何种传输渠道获取数字内容k取决于传统传输渠道的效用u_T^k与按交易量收费模式下数字化传输渠道效用u_E^k之间的大小关系。若$u_T^k \geq u_E^k$，并且$u_T^k \geq 0$，消费者将会从传统传输渠道获得相应的数字内容，记$b_{DT}^k = 1$、$b_{DE}^k = 0$；若$u_T^k < u_E^k$并且$u_T^k \geq 0$，消费者将会从数字化传输渠道获得该数字内容，记$b_{DT}^k = 0$、$b_{DE}^k = 1$。

由式（5-3）和式（5-8）可得

$$u_T^k - u_E^k = v_T^k - p_T^k - c_T^k - (v_E^k - p_E^k - c_E^k) \quad\quad (5-13)$$

综合以上分析可得，双重传输渠道下数字内容消费者的总效用

$$U_D = \begin{cases} \sum_{k=1}^{N_D}[u_T^k \cdot b_{DT}^k + (v_E^k - c_E^k) \cdot b_{DE}^k] - F, & CM = m \\ \sum_{k=1}^{N_D}[u_T^k \cdot b_{DT}^k + (v_E^k - p_E^k - c_E^k) \cdot b_{DE}^k], & CM = t \end{cases} \quad (5-14)$$

式中，N_D 表示双重传输渠道所能为消费者提供的数字内容数量。

另外，通过分析还可以得到数字内容平台两种收费模式下消费者在各传输渠道上数字内容交易总量 Q_D：

$$Q_D = Q_{DT} + Q_{DE} = \sum_{k=1}^{N_D} b_{DT}^k + \sum_{k=1}^{N_D} b_{ET}^k \quad\quad (5-15)$$

式中，Q_{DT}、Q_{DE} 分别表示消费者在传统传输渠道和数字化传输渠道数字上的内容交易量。根据 Q_{DT}、Q_{DE} 可以对比双重传输渠道中消费者从各个传输渠道所获得的数字内容数量。

若把消费者从传统传输渠道所交易的数字内容占总交易量的比例记作 θ，则消费者从数字化传输渠道所交易的数字内容占比为 $(1-\theta)$。

$$\theta = \frac{Q_{DT}}{Q_D} = \frac{Q_{DT}}{Q_{DT} + Q_{DE}} \quad\quad (5-16)$$

5.3　仿真分析

假设各传输渠道所能为消费者提供的数字内容数量 $N_i = 150$，在一定的时间范围内该数量保持稳定状态。在单一传输渠道下，将影响消费者对数字内容总体评价的两个变量 α、β 设置为固定值，依次对数字内容价格等其他变量进行操作；在双重传输渠道下，采取控制变量法分别研究变量 α、β 对消费者行为产生的影响。同样，在该仿真分析中，每组参数重复仿真 50 次，然后取其平均值作为最终仿真结果。

5.3.1　传统传输渠道仿真分析

在传统实体形式的数字内容传输渠道中，消费者由于可以直接接触数字内容，能够快速形成对数字内容的质量评价，与数字化网络传输渠道相比，在决策过程中面临的风险较低。在仿真过程中，将变量 α、β 分别设置为 8、0.8，此时消费者对不同数量的数字内容总体评价情况如图 5-2 所示。

由图 5-2 可知，在传统传输渠道中，消费者对数字内容的总体评价随着数字内容数量的增加呈现出直线式上升趋势。数字内容数量越大，消费者对数字内容的总体评价水平也就越高。

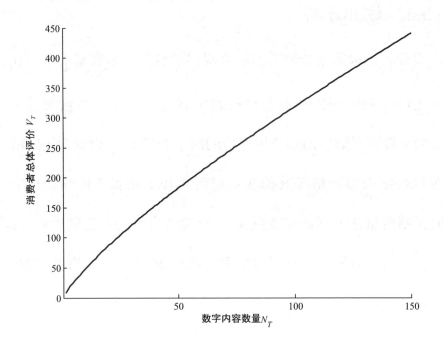

图 5-2　传统传输渠道下消费者对数字内容的总体评价

通过观察可得，消费者的边际数字内容评价变化具有以下特点。消费者仅能够从最先消费的少量的数字内容中获得非常高的边际效用，随着数字内容数量的不断增加，消费者的边际数字内容效用下降速度逐渐趋于稳定。这意味着消费者从该传输渠道新获得一个数字内容所能够产生的效用增加值越来越低，符合消费者总是优先选择自己最喜欢的数字内容的假设。传统传输渠道中消费者的边际数字内容评价变化情况如图 5-3 所示。

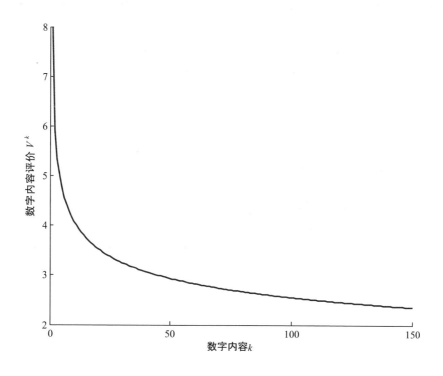

图 5-3　传统传输渠道下消费者的边际数字内容效用

在具体的仿真过程中，主要分析了数字内容三种不同价格下的消费者效用变化情况。这三种价格分别为 $p_1 = 1.5p$、$p_2 = 1.0p$、$p_3 = 0.5p$。其中 p 服从参数为数字内容评价平均值的指数分布，并由 MATLAB 提供的 exprnd 函数随机生成。首先，随着数字内容数量的增加，价格的不同导致消费者效用从最开始没有明显差别到相互之间的差距越来越明显。其次，三种不同价格下的消费者数字内容交易数量依次为 66、79、116。即价格越低，消费者通过该传输渠道获得的数字内容数量越高。这是消费者效用之间差别进一步加剧的重要原因。最后，数字内容价格的线性变化并没有引起消费者效用以及数字内容交易数量的线性变化。例如，分别将数字内容价格下调一半，消费者的数字内容交易数量分别增加 19.7% 和 46.7%。通过仿真发现，数字内容的不同价格会影响消费者效用以及通过该传输渠道所交易的数字内容数量。同理可得，传统传输渠道其他成本对消费者行为产生的影响与数字内容价格对消费者行为的影响相仿。在传统传输渠道 T 下，数字内容价格对消费者效用产生的影响如图 5-4 所示。

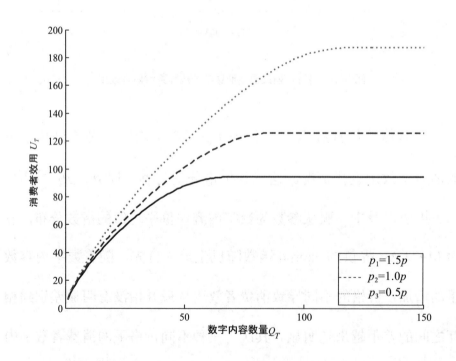

图 5-4　传统传输渠道下数字内容价格对消费者效用的影响

5.3.2 数字化网络传输渠道仿真分析

与传统传输渠道相比，数字化网络传输渠道中的消费者面临着较高的风险和不确定性，可能会导致消费者对该传输渠道获得数字内容的评价要低于传统传输渠道。为了体现两种传输渠道在消费者感知风险和不确定性方面存在的区别，在数字化传输渠道仿真以及双重传输渠道仿真分析中，将变量 α、β 分别设置为 6、0.6，低于传统传输渠道仿真分析时的变量设置。此时，消费者对不同数量的数字内容的总体评价如图 5-5 所示。

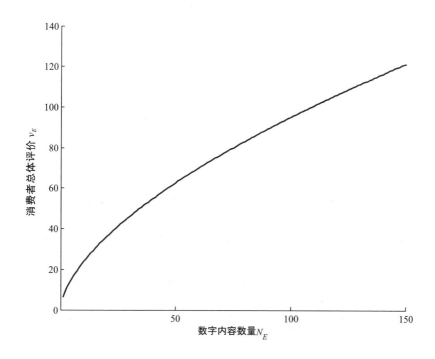

图 5-5　数字化网络传输渠道下消费者的数字内容总体评价

通过与图 5-2 对比可以发现，与传统传输渠道下消费者对数字内容的总体评价情况相比，由于变量 α、β 的取值相对较低，数字化传输渠道中消费者的数字内容总体评价水平明显低于传统传输渠道。通过对比还可以得出，当数字内容数量较少时，数字化传输渠道中消费者对数字内容的总体评价呈现出先快速增长、再明显变缓、最终趋于稳定的变化特点。

在数字化网络传输渠道 E 中，消费者的边际数字内容效用变化情况如图 5-6 所示。通过与传统传输渠道下的消费者边际效用对比可以发现，虽然两者在消费者边际效用变化趋势方面均表现出先快速下降、再逐渐趋于稳定的变化趋势，但是传统传输渠道消费者的边际效用水平整体上要高于数字化网络传输渠道。从表面上看，两者之间出现差别是由不同的参数设置引起的，但根本上则是由两种传输渠道本身特点所决定的。数字化网络传输渠道虽然在成本、覆盖范围等方面具有明显的优势，但是在数字内容呈现方面主要是通过图片、文字等间接地向消费者传递数字内容信息，消费者面临的风险和不确定性相对较高，难以在短时间内实现对数字内容质量的准确判断，在数字内容服务方面也无法像传统传输渠道那样能够为消费者提供更直接、更个性的服务。

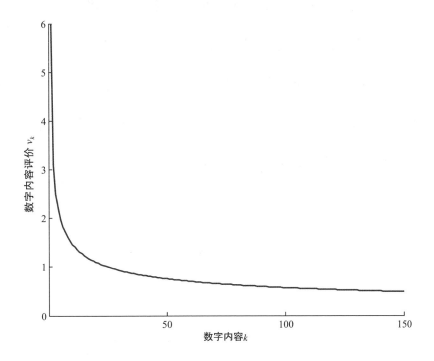

图5-6　数字化网络传输渠道下消费者的边际效用

在数字化网络传输渠道下，当消费者选择会员制收费模式时，不同的会员费对数字内容消费者行为产生的影响如图5-7所示。在仿真中，分别对$F=10$、$F=5$、$F=0$三种会员费情形下的消费者效用变化情况做了分析，通过仿真结果发现，在数字化网络传输渠道中，数字内容平台不同的会员费对消费者效用水平有着直接的影响，而消费者通过该传输渠道获取的数字内容数量与会员费无关，具体体现在以下三个方面：首先，随着数字内容数量的增加，消费者效用的提升速度由快变慢，最后消费者效用保持不变；其次，数字内容平台会员费的高低决定着该收费模式下消费者效用之间的差距，然而与传统传输渠道数字内容价格的改变会引起消费者效用之间差距越来越大不同，会员制收费模式下消费者效用之间的差距始终保持不变；最后，仿真得到消费者的平均数字内容交易数量为 105，占比为 70%，该数量高于传统传输渠道数字内容价格为 $1.5p$ 和 $1.0p$ 时消费者获得的数字内容交易数量，但低于数字内容价格为 $0.5p$ 时的数字内容交易数量。

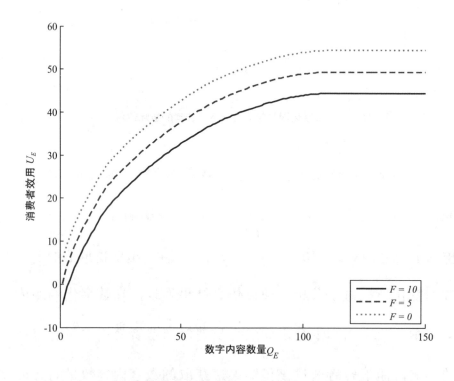

图 5-7　数字化传输渠道下会员制收费模式对消费者效用的影响

当消费者选择按交易量收费模式时，分别对数字内容平台三种不同价格下的消费者效用变化情况做了分析，数字内容价格均服从指数分布，指数分布的参数 λ 以及仿真结果如图 5-8 所示。

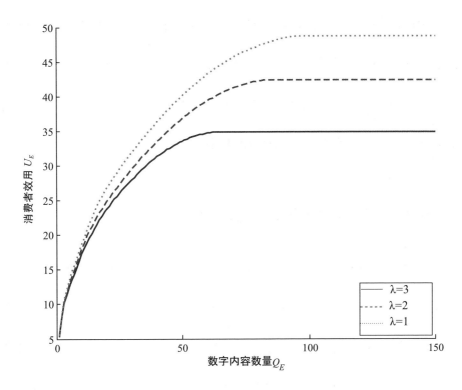

图 5-8 数字化传输渠道下按交易量收费时的消费者效用

通过仿真分析结果可以得出，与传统传输渠道 T 相同，数字化网络传输渠道 E 中数字内容的不同价格水平不仅会影响消费者效用，而且还会影响消费者通过该传输渠道获取的数字内容数量。具体来说，随着数字内容数量的增加，不同价格下的消费者效用差距越来越明显，三种不同价格下的消费者数字内容交易数量依次为 65、85、97，占数字化网络传输渠道所能提供数字内容总量的比例分别为 43.4%、56.7%、64.7%。这就意味着数字内容平台通过降低数字内容的价格可以提高消费者通过该传输渠道获取的数字内容数量，所以数字内容供应商应当充分利用数字内容极低的再生产和传输成本，为消费者提供尽可能低价的数字内容能够在一定程度上缓解数字化网络传输渠道存在风险和不确定性导致的消费者总体评价低于传统传输渠道的问题。

5.3.3 双重传输渠道仿真分析

在双重传输渠道 D 下，若消费者选择会员制收费模式，那么当数字内容平台的会员费 F 分别为 0、5 和 10 时，双重传输渠道中消费者所获得的效用与传统传输渠道以及数字化网络传输渠道对比情况如图 5-9 所示。当会员费 $F=0$ 时，在消费者数字内容数量交易较少的情形下，双重传输渠道的消费者效用与传统传输渠道的消费者效用相差无几，不存在明显的区别。随着消费者数字内容交易数量的不断增加，双重传输渠道产生的效用开始超过传统传输渠道，消费者倾向于通过双重传输渠道获得更多数量的数字内容。与传统传输渠道相比，虽然数字化网络传输渠道的最终数字内容数量高于传统传输渠道，但是该渠道的效用水平却明显低于传统传输渠道。当会员费 $F=5$ 时，在消费者数字内容数量交易较少的情形下，传统传输渠道的消费者效用最高，之前重叠的部分已不复存在；但是随着数字内容数量增加，双重传输渠道消费者效用再次超过传统传输渠道。当会员费 $F=10$ 时，双重传输渠道和数字化网络传输渠道的消费者效用进一步降低，传统传输渠道效用占优的情况明显多于双重传输渠道，与数字化网络传输效用之间的差距越来越大。只有通过不断增加数字内容交易数量，才能保证双重渠道消费者效用最终超越传统传输渠道。

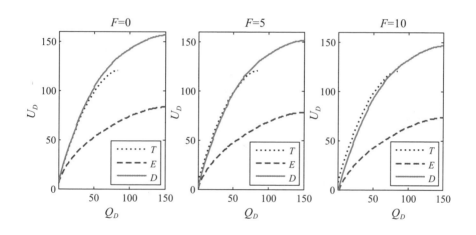

图 5-9　会员制收费模式时传输渠道之间的消费者效用对比

综上可得，双重传输渠道的消费者效用受会员费的影响非常明显。双重传输渠道可以在一定程度上弱化数字化传输渠道存在的风险和不确定性，同时还能够改善传统传输渠道中消费者数字内容交易数量较少的问题，有利于实现传统传输渠道和数字化网络传输渠道的优势互补。

在会员制收费模式下，消费者从两个传输渠道所获得的数字内容数量以及比例 θ 的仿真结果如图 5–10 所示。

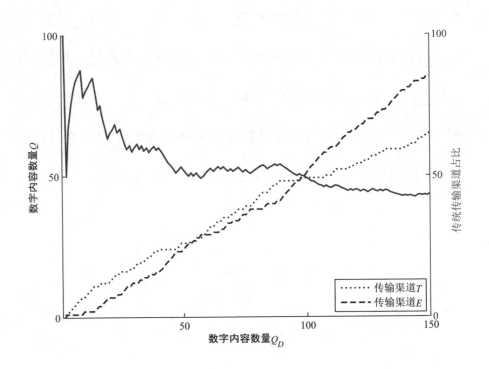

图 5–10　会员制收费模式下各传输渠道的数字内容数量及其比例

在图 5–10 中，虚线和点线分别代表消费者从相应传输渠道所获得的数字内容数量，实线表示不同渠道所交易数字内容的比例。从图中可以看出，消费者从传统传输渠道得到的数字内容数量多于数字化网络传输渠道。这种状况会一直持续到某一特定的数字内容数量。在此之后，消费者从数字化网络传输渠道得到的数字内容数量开始超过传统传输渠道，并成为消费者获得数字内容的主要渠道。这样的一种变化趋势解释了图 5-10 中当会员费 $F=0$ 时，双重传输渠道的消费者效用与传统传输渠道变化情况相一致的现象。经过多次仿真计算，消费者从传统传输渠道和数字化网络传输渠道所获得的最终的数字内容数量的平均值分别为 65 和 85，占比分别为 43.3% 和 56.7%，消费者从传统传输渠道所获得数字内容数量占消费者数字内容交易总量的比值从剧烈振荡逐渐趋于稳定。

若消费者选择按交易量收费模式，那么当数字内容价格分别服从 $\lambda=1$、2 和 3 时，双重传输渠道中消费者所获得的效用与传统传输渠道以及数字化网络传输渠道的对比情况如图 5-11 所示。

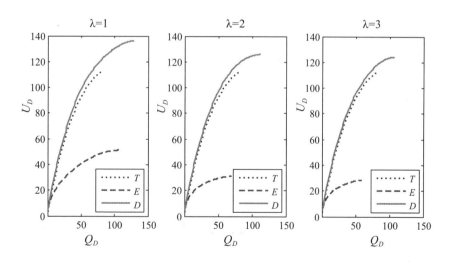

图 5-11　按交易量收费模式时传输渠道之间的消费者效用对比

在图 5-11 中，点线、虚线和实线分别表示消费者从传统传输渠道、数字化网络传输渠道和双重传输渠道所获得的数字内容数量及其效用变化情况。通过对比可以发现，数字内容平台按交易量收费模式时不同情形下的数字内容价格会从消费者通过双重传输渠道所获得的数字内容交易数量及与之相对应的效用两个方面影响消费者行为。具体来说，当数字内容平台提高数字内容价格时，消费者通过双重传输渠道获取的数字内容数量下降，其效用也会因此而减少；相反，数字内容价格的降低则会刺激消费者通过双重传输渠道进行交易，最终的数字内容数量和效用均会有所增加。若保持传统传输渠道各变量不变，无论平台如何调整其数字内容价格，双重传输渠道的消费者效用和数字内容交易数量都不会少于传统传输渠道。综上可得，按交易量收费模式下，双重传输渠道的消费者效用更加贴近传统传输渠道，数字内容价格的调整对消费者行为产生的影响与会员制收费模式下数字内容平台调整会员费存在明显的差别。

与会员制收费模式相类似，当数字内容价格服从参数的指数分布时，消费者从两个传输渠道所获得的数字内容数量以及比例 θ 的仿真结果如图 5-12 所示。在图中，虚线和点线分别代表消费者从相应传输渠道所获得的数字内容数量，实线表示不同渠道所交易数字内容的比例。经过计算，双重传输渠道下按交易量收费模式时消费者从传统传输渠道和数字化网络传输渠道所获得的数字内容平均数量分别为 72、65，占比分别为 52.5% 和 47.5%。从图中可以得出，在既定的价格水平下，消费者获得的数字内容数量与传输渠道相关不大。与此同时，与会员制收费模式相比，虽然按交易量收费模式下传统传输渠道消费者所获得数字内容数量占消费者数字内容交易总量的比值由趋于稳定的速度相比较快，但是消费者交易的数字内容总体数量有所减少，在会员制收费模式时该数值平均为 150，而在按交易收费模式时平均值为 137。

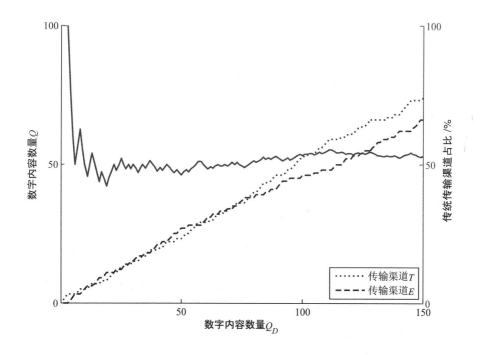

图 5-12 按交易量收费模式下各传输渠道的数字内容数量及其比例

为了进一步分析传统传输渠道与数字化网络传输渠道存在的差别对双重传输渠道中的消费者行为产生的影响，接下来将通过控制变量的方法分别研究数字内容总体评价函数的两个重要构成变量 α、β 取值不同时，消费者通过双重传输渠道所获得的数字内容数量及其相应的效用变化情况。

首先，当变量 α 分别为 7、8、9 时，双重传输渠道情形下的消费者效用变化以及数字内容交易数量如图 5-13 所示。从图中可以发现，随着变量 α 的逐渐增大，数字化网络传输渠道效用和数字内容交易数量均有所增加，双重传输渠道的消费者效用和数字内容数量也随之表现出一定程度的提升。正是数字内容数量的增加使得消费者从双重传输渠道所获得的效用能够不断增长，并最终实现对传统传输渠道的超越。

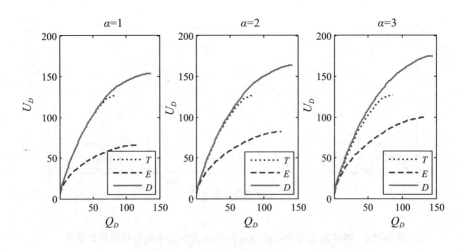

图 5-13　不同系数变量时双重传输渠道的消费者效用情况

其次，当变量 β 的取值分别为 0.6、0.7、0.8 时，双重传输渠道的消费者效用变化情况图 5-14 所示。从图中可以发现，随着变量 β 取值的逐渐增大，数字化网络传输渠道所得到的效用快速上升，导致双重传输渠道的消费者效用不断上升。具体来说，当变量 $\beta=0.6$ 时，消费者从双重传输渠道所得到的效用几乎与传统传输渠道一致；当变量 β 增加至 0.7 时，双重传输渠道与传统传输渠道之间存在的效用开始出现明显的差别；当变量 β 进一步增加至 0.8 时，即传统传输渠道与数字化网络传输渠道具有相同的 β，此时双重传输渠道的效用最高，显然已经成为数字内容消费者的最佳选择。通过对比图 5-13 和图 5-14 可以得出，α 和 β 这两个变量值的增加均有利于消费者效用的提升，但是与变量 α 相比，变量 β 对消费者效用产生的影响更加显著。

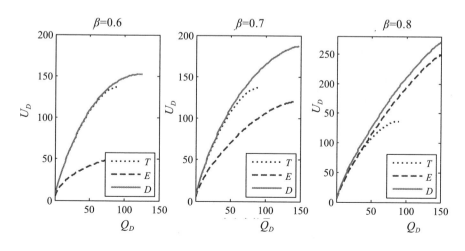

图 5-14　不同指数变量时双重传输渠道的消费者效用情况

5.4　本章小结

本章对信息技术催生的数字化网络传输渠道与传统传输渠道对数字内容消费者行为的影响进行研究。主要的研究成果：一是在分析两种传输渠道之间在渠道价格、传输路径、渠道成本、数字内容形态等方面存在差别的基础上，提出了一个符合数字内容消费者效用变化特点的数字内容质量评价函数；二是分析了不同传输渠道下数字内容的效用和相应的数字内容交易数量，构建了面向传输渠道的数字内容消费者行为分析框架；三是通过仿真研究了数字内容供应商采用不同传输渠道策略对消费者效用和数字内容传输交易数量产生的影响，总结形成了不同传输渠道下的数字内容消费者行为规律。

6　结论与展望

本章主要是对本书所进行的研究工作进行系统梳理、归纳，对通过研究所得到的结论进行总结，然后在此基础上进一步指出研究存在的不足之处，并对今后研究方向进行展望。

6.1　研究结论

本研究以消费者行为理论、期望效用理论和消费者主权理论等为理论基础，以消费者行为分析视角为切入点，构建了数字内容消费者行为模型并做了仿真研究。首先，本研究从新兴信息技术背景下数字内容消费者行为影响力和主导权日益增强的客观实际出发，结合数字内容区别于传统产品的特征，指出了数字版权管理、传输渠道竞争、平台化发展趋势所引发的数字内容消费者行为新问题。其次，结合个人理性约束和激励相容约束，遵循消费者利益最大化原则，在分析数字版权管理基本特点和存在争议的基础上，构建了基于数字版权管理的数字内容消费者行为模型；

在分析数字内容平台价格策略重要性和常见收费模式的基础上，构建了基于数字平台收费模式的数字内容消费者行为模型；在分析传输渠道存在差异的基础上，构建了基于传输渠道的数字内容消费者行为模型。最后，运用计算机仿真技术，研究了新兴网络信息技术不断发展和应用背景下数字内容消费者行为的影响因素，并对各影响因素与数字内容消费者效用以及数字内容消费数量之间的关系做了系统和深入的分析，总结并形成了数字内容消费者的行为规律和特征。

6.1.1 面向数字版权管理的消费者行为研究结论

在数字版权管理环境下，数字内容消费者侵权行为受法律惩罚的概率对数字内容消费者行为产生的影响最明显。对于数字内容消费者的侵权行为，当缺乏良好的法律保障时，很难通过单一形式的技术手段实现数字版权的有效管理。数字版权管理技术应采取法律手段，加大立法、执法和侵权行为惩处力度，有助于规范数字内容消费者行为，减少侵权行为的发生。具体研究结论如下。

数字版权管理技术对数字内容使用权利的限制会造成与无版权管理技术保护的数字内容在使用价值上存在差别。当数字内容销售价格较高而消费者侵权行为面临法律惩罚概率和力度又相对较低时，消费者侵权行为会因为这种差别的增大而越发严重，即在缺乏有力的法律保障而且数字内容销售价格不够合理的情形下，数字版权管理技术若盲目地限制数字内容使用权利，反而会加剧消费者的侵权行为。

数字内容市场提供的带有数字版权管理保护的数字内容产品销售价格、消费者侵权行为受到法律惩罚的概率和力度、数字版权管理技术环境下两种形式数字内容产品的使用价值差别都会影响消费者行为。数字内容价格的降低、侵权行为受到法律制裁的概率和力度的提高以及两种形式数字内容使用价值差别的缩小都有助于在一定程度上缓解消费者侵权行为，相反则会加剧消费者的侵权行为。

消费者合法购买行为与侵权行为是此消彼长的关系，消费者的行为会影响数字内容产品市场福利，甚至是整个产业的发展。具体来说，消费者合法购买行为比例提高则侵权行为比例降低，合法购买行为比例降低则侵权行为比例提高；合法购买行为有利于提高数字内容消费市场福利，而侵权行为不利于市场福利水平的提高。因此，在加快进行数字内容版权保护立法的同时还应该加大版权管理的执法力度。

6.1.2 面向数字平台收费模式的消费者行为研究结论

研究发现，在数字平台单一收费模式下，数字内容共享对消费者效用影响显著。特别是当平台提高会员费、数字内容价格或者缩短计算周期时，增加共享可以避免消费者效用水平大幅下降。混合收费模式下，无论是否允许共享，消费者均可以根据数字内容消费数量选择其中一种收费模式。与单一收费模式相比，混合收费模式更加符合消费者利益最大化原则，具体研究结论如下。

数字内容平台必须制定合理的价格体系，分别提供不同的消费体验以及不同的终端权限，以便更好地体现和符合数字内容消费者利益。数字内容消费者对数字内容的使用行为会因数字内容类型的不同而有所区别。对于具体的数字内容，在大多数情况下，消费者一旦体验过后，对其使用频率会快速下降。因此，数字内容平台价格方案的设计应该与消费者数字内容产品的使用行为相匹配。在选择价格策略时，应该更多地关注数字内容消费者的效用和行为模式，而不是单纯地考虑自身利益最大化。

在会员制收费模式下，数字内容消费者行为受会员费和计费周期的影响比较明显：会员费越高、计费周期越短，消费者效用越低；反之则越高。会员费和计费周期对消费者效用的影响程度会随着时间的推移而不断加深。在允许家庭共享的情况下，除会员费和计费周期外，共享人数成为影响该收费模式效用的重要因素。数字内容平台提高会员费标准的同时，增加数字内容共享人数或者延长计费周期等，都可以维持该收费模式的效用。

在按交易量收费模式下，数字内容价格是影响消费者行为的关键因素：数字内容价格越低，消费者效用增速越快，消费者的最终效用也越高；反之则越低。当允许数字内容家庭共享时，数字内容的价格、共享人数和质量评价共同影响该收费模式的效用。数字内容质量评价的差别越大，该收费模式的效用变动越明显。当数字内容共享人数有所增加时，即使数字内容平台提高数字内容价格，该收费模式的效用仍然可以保持在较高水平。

在混合收费模式下，影响数字内容消费者行为的因素更加多样。无论家庭共享与否，消费者都可以根据数字内容消费量选择其中一种收费模式。与单一的会员制收费模式或者按交易量收费模式相比，混合收费模式更加符合消费者利益最大化需求。数字内容平台创新收费模式，建立多元化的收费体系，为消费者提供更多的收费模式选择，有助于激发消费者的数字内容消费新需求，弱化数字内容平台调整收费模式对消费行为造成的负面影响。

6.1.3 面向传输渠道的数字内容消费者行为研究结论

研究发现，对于传统实体形式和数字化形式以及数字内容双重传输渠道，消费者对数字内容的质量评价、数字内容价格以及数字内容平台收费模式是影响消费者效用和数字内容消费量的重要因素。在传统传输渠道下，数字内容价格对消费者数字内容交易数量的影响显著，不同价格水平情形下的消费者效用存在着显明的差异。在数字化网络传输渠道下，数字内容平台收费模式是影响消费者行为的重要因素；在双重传输渠道下，无论消费者选择何种收费模式，其最终效用和数字内容交易数量均高于单一传输渠道。具体研究结论如下。

通过不同传输渠道获得数字内容时，数字内容消费者对各传输渠道所提供数字内容的质量评价、所支付的数字内容价格或者数字内容平台会员费以及其他成本，共同决定着不同传输渠道情形下的消费者效用及其数字内容交易数量。在以上各影响因素中，消费者对传统传输渠道和数字化网络传输渠道所提供数字内容的总体评价，对消费者行为产生的影响最为显著。特别是在双重传输渠道时，消费者效用曲线与总体评价较高的传输渠道更为接近。在决定消费者对数字内容总体评价的两个变量中，β 的影响程度明显强于 α。

在传统传输渠道下，数字内容价格的调整不仅会改变消费者的数字内容交易数量，而且会进一步导致消费者效用呈现出明显分化的趋势。即数字内容价格越低，消费者的数字内容交易数量越多，消费者效用也就越高。不同数字内容价格使消费者效用之间的差距随着数字内容交易数量的增加而增大。此外，消费者通过该传输渠道获得数字内容所面临的其他成本支出，以及数字化网络传输渠道按交易量收费模式时数字内容价格调整对消费者行为产生的影响，与传统传输渠道数字内容价格调整相类似。

在数字化网络传输渠道下，若消费者选择会员制收费模式，数字内容平台会员费的调整会直接影响消费者的效用水平，而不会改变数字内容消费者通过该传输渠道获得的数字内容数量。这与数字化网络传输渠道按交易量收费模式以及传统传输渠道数字内容价格调整对消费者行为产生的影响存在明显区别。与会员制收费模式相比，按交易量收费模式对消费者的数字内容消费数量影响较大，并会进一步导致消费者效用之间出现明显的差距。

在双重传输渠道情形下，数字内容平台不同收费模式对消费者行为影响产生的差异，体现在消费者从各传输渠道所获取的数字内容数量方面。当消费者选择会员制收费模式时，数字化传输渠道是消费者获取数字内容的主要来源渠道。如果数字内容收费模式发生改变，那么消费者从各传输渠道所获取数字内容的比例会随之发生改变。在数字内容双重传输渠道下，无论消费者选择何种收费模式，其最终效用和数字内容交易数量均高于单一传输渠道，实现了传统传输渠道和数字化网络传输渠道的优势互补。这显然更加符合消费者利益。

综上所述，数字内容的价值是以传输渠道的极大发展为前提，"内容为王"理念的正确性要以传输渠道选择的自由化和多元化为前提。未来随着信息技术的进一步发展，消费者通过数字内容平台所能获取的数字内容种类和数量均会快速增长，数字化网络传输渠道无限便利并取代传统形式的渠道，数字内容本身所具有的价值对消费者行为的影响程度将会相对提高。

6.2　研究展望

本书对新兴信息技术背景下数字内容消费者行为面临的新问题做了探索性的研究工作，虽然在模型构建、研究方法和仿真分析中力求科学性和严谨性，然而由于时间等因素的限制，仍然存在着一些不足，未来研究需要从以下方面进行补充和完善。

（1）在研究方法方面，需要进一步探索其他研究方法的可行性，应当考虑综合运用交叉分析、对应分析和关联分析等多种研究方法进一步增强研究结论的有效性。宽带通信网、移动互联网与服务业的融合正在催生大量新业态，新型数字内容消费不断兴起。此外，数字内容具有更新快、生命周期短的特点，旧版本以及相关类型的数字内容消费体验可能会影响内容消费者的后续行为。

（2）构建数字内容消费者行为模型时考虑的因素还需要进一步完善。数字内容消费者行为影响因素的研究是一个复杂、艰难和漫长的过程。随着消费者知识结构的提升，消费行为应该更加趋于理性，经典的消费理论在以上框架范围内有效。本书在研究过程中，采用了经典消费者行为理论，模型构建过程中假设消费者都是理性的，精于比较、判断和计算，其行为同样也是理性的，进行数字内容消费的目的是实现其自身利益的最大化。现实情况中，消费者并不完全都是理性的，所以通过研究不断揭示数字内容消费者行为的影响因素是非常重要的研究方向。

（3）在具有网络外部性的市场上，消费者效用由两部分构成：一部分是自有价值，即没有网络外部性情况时，消费者效用取决于产品的真实价值；另一部分是交叉价值，依赖于其他消费者对该产品的购买量，即取决于市场中消费者对该产品的购买总量。

在接下来的研究中，应当考虑数字内容类型、消费者类型以及网络外部性等因素，并对数字内容消费者效用的各个侧面也给予必要的重视。

参考文献

[1] 补国苗, 张博文, 曹彦玲. 消费者购买渠道选择的影响因素分析 [J]. 河北工程大学学报 (社会科学版), 2010, 27(2): 24-25.

[2] 戴和忠. 网络推荐和在线评论对数字内容商品体验消费的整合影响及实证研究 [D]. 杭州 : 浙江大学 , 2014.

[3] 冯海洋. 信息产品最优差异化设计与定价策略研究 [D]. 天津 : 天津大学 , 2014.

[4] 刘家国, 周笛, 刘咏梅, 等. 搭便车行为影响下制造商渠道选择研究 [J]. 系统工程学报 , 2014, 29(6): 813-823.

[5] 刘卓军, 周城雄. 中国数字内容产业的创新模式分析 [J]. 中国软科学 , 2007(6): 111-114.

[6] 刘卓军, 周城雄. 网络环境对数字内容产品的市场影响分析 [J]. 中国管理科学 , 2006, 14(4): 95-99.

[7] 鲁耀斌, 徐红梅. 技术接受模型的实证研究综述 [J]. 研究与发展管理 , 2006, 18(3): 93-99.

[8] 牛盼强，李本乾，陈德金. 三网融合背景下数字内容产业发展研究述评 [J]. 现代管理科学, 2012(5): 18-20.

[9] 唐炜东. 无线音乐消费行为研究 [D]. 大连：大连理工大学, 2010.

[10] 万兴，高觉民. 纵向差异化双边市场中平台策略 [J]. 系统工程理论与实践, 2013, 33(4): 934-941.

[11] 王刊良. 数字化产品的经济特征、分类及其定价策略研究 [J]. 中国软科学, 2002 (6): 58-62.

[12] 王萌，王晨，李向民. 数字内容产品特征及其商业模式研究 [J]. 科技进步与对策, 2009, 26(2): 45-48.

[13] 汪秀英. 基于体验经济的消费者行为模式研究 [D]. 大连：大连理工大学, 2010.

[14] 薛梅，孙树峰，顾君忠. 基于信息内容保护的安全体系模型研究 [J]. 华东师范大学学报 (自然科学版), 2006, (1): 92-99.

[15] 薛梅，袁仲雄. 数字内容全生命周期保护模型研究 [J]. 计算机工程, 2011, 37(23): 33-37.

[16] 袁红清. 数字产品特征与定价策略的经济学分析 [J]. 宁波大学学报 (理工版), 2003, 16(2): 149-152.

[17] 张宇，唐小我. 信息产品垄断厂商定制策略研究 [J]. 系统工程

理论与实践, 2008, 28(7): 49-55,67.

[18] 周庆山, 赵雪, 赵需要, 等. 我国数字内容产业研究的主题知识图谱分析 [J]. 情报理论与实践, 2012, 35(4): 56-61.

[19] ADILOV N. Bundling Information Goods Under Endogenous Quality Choice[J]. Journal of Media Economics, 2011, 24(1): 6-23.

[20] ARON R, SUNDARARAJAN A, VISWANATHAN S. Intelligent Agents in Electronic Markets for Information Goods: Customization, Preference Revelation and Pricing[J]. Decision Support Systems, 2006, 41(4): 764-786.

[21] CHELLAPPA R K, SHIVENDU S. Managing Piracy: Pricing and Sampling Strategies for Digital Experience Goods in Vertically Segmented Markets[J]. Information Systems Research, 2005, 16(4): 400-417.

[22] Dou Y F, Liu T L. Exploring the Value of Installed Base: Pricing Information Goods Under Value Depreciation and Consumer Social Learning[J]. Journal of Systems Science and Systems Engineering, 2013, 22(3): 362-382.

[23] GALBRETH M R, GHOSH B, SHOR M. Social Sharing of

Information Goods: Implications for Pricing and Profits[J].

Marketing Science, 2012, 31(4): 603-620.

[24]KALAKOTA R, WINSTON A B. Electronic Commerce: A

Manager' s Guide[M]. Boston: Addison-Wesley Professional,

1997.

[25]KOS N, MESSNER M. Incentive Compatibility in Non-

Quasilinear Environments[J]. Economics Letters, 2013, 121(1):

12-14.

[26]RONG K. Proportional Individual Rationality and the

Provision of a Public Good in a Large Economy[J]. Journal of

Mathematical Economics, 2014, 51: 187-196.

[27]SHAPIRO C, VARIAN H R. Versioning: The Smart Way to Sell

Information. Harvard Business Review, 1998, 76(6): 106-114.

[28]SHARMA R S, WILDMAN S. The Economics of Delivering

Digital Content Over Mobile Networks[J]. Journal of Media

Business Studies, 2009, 6(2): 1-24.

[29]SHIVENDU S, ZHANG Z. Versioning Strategy of Information

Goods with Network Externality in the Presence of Piracy[C]//

System Science (HICSS), 2012 45th Hawaii International

Conference on.New York IEEE, 2012: 4572-4581.

[30] SUNDARARAJAN A, PROVOST F, OESTREICHER-SINGE G, et al. Research Commentary—Information in Digital, Economic, and Social Networks[J]. Information Systems Research, 2013, 24(4): 883-905.

[31] WEI X D, NAULT B R. Experience Information Goods: "Version-to-Upgrade" [J]. Decision Support Systems, 2013, 56: 494-501.

[32] XIANG L, ZHENG X, Lee M K O, et al. Exploring Consumers' Impulse Buying Behavior on Social Commerce Platform: The Role of Parasocial Interaction[J]. International Journal of Information Management, 2016, 36(3): 333-347.